www.ingramcontent.com/pod-product-compliance
Lightning Source LLC
La Vergne TN
LVHW010319070526
838199LV00065B/5611
9789424780347

Hajj

How to Perform Hajj & Umrah
Aaye Hajj Kare

آئیں حج کریں

تالیف
مفتی سعد عبدالرزاق
فاضل جامعہ فاروقیہ
متخصص جامعۃ العلوم الاسلامیہ

آئیں حج کریں

تالیف

مفتی سعد عبدالرزاق

فاضل جامعہ فاروقیہ
متخصص جامعۃ العلوم الاسلامیہ

Published By:
Islamic Book Store
302 Saad Residancy
Sahin Park
M G Road
Bardoli Surat Gujarat India
394601
Ph. 0091 9979353876

فہرست

۱	کیا؟ کیوں؟ کیسے؟	۱
۲	چند ضروری باتیں	۳
۳	انقشہ افعال عمرہ اور افعال حج	۱۴
۴	نقشہ برائے ایام حج	۲۲
۵	حج تمتع کا مختصر طریقہ	۳۴
۶	احرام	۴۷
۷	احرام کی تیاری	۴۹
۸	نیت	۵۳
۹	بیت اللہ پر پہلی نظر	۵۶
۱۰	افعال عمرہ	۵۸
۱۱	طواف اور اقسام طواف	۵۸
۱۲	واجبات، محرمات اور مکروہات طواف	۶۰
۱۳	واجبات طواف	۶۰

آئیں حج کریں

۶۱	محرماتِ طواف	۱۴
۶۲	مکروہاتِ طواف	۱۵
۶۵	طواف شروع کرنے سے پہلے	۱۶
۶۵	طواف کی نیت	۱۷
۶۷	طواف	۱۸
۷۰	ملتزم پر دعا	۱۹
۷۱	طواف کی دو رکعت	۲۰
۷۲	آبِ زم زم	۲۱
۷۴	سعی اور احکامِ سعی	۲۲
۷۴	واجباتِ سعی	۲۳
۷۵	مکروہاتِ سعی	۲۴
۷۶	سعی	۲۵
۷۸	حلق یا قصر	۲۶
۸۰	عمرے کے بعد مکہ مکرمہ میں دوران قیام کیے جانے والے اعمال	۲۷

فہرست

آئیں حج کریں

۸۱	حرمین شریفین سے متعلق چند ضروری مسائل	۲۸
۸۵	مسائل احرام	۲۹
۹۲	جنایات	۳۰
۹۲	اقسام جنایات	۳۱
۹۶	مسائل طواف	۳۲
۱۰۷	مسائل سعی	۳۳
۱۱۱	حج	۳۴
۱۱۱	فرائض حج	۳۵
۱۱۲	ارکان حج	۳۶
۱۱۲	واجبات حج	۳۷
۱۱۳	حج کی سنتیں	۳۸
۱۱۵	اقسام حج	۳۹
۱۱۶	حج قران	۴۰
۱۱۶	حج تمتع	۴۱
۱۱۷	حج افراد	۴۲

118	۸ ذی الحجہ کے احکام اور قیامِ منیٰ	۴۳
123	۹ ذی الحجہ کے اعمال	۴۴
124	وقوفِ عرفات	۴۵
126	مستحباتِ وقوفِ عرفات	۴۶
127	عرفات کے احکام	۴۷
132	رکنِ وقوف	۴۸
134	وقوفِ مزدلفہ	۴۹
137	۱۰ ذی الحجہ	۵۰
138	مسائلِ رمی	۵۱
150	قیامِ منیٰ اور قربانی	۵۲
153	قیامِ منیٰ اور سر کے بال منڈوانا یا کترانا	۵۳
156	طوافِ زیارت	۵۴
160	۱۱ ذی الحجہ	۵۵
161	۱۲ ذی الحجہ	۵۶

آئیں حج کریں

۱۶۲	۱۳ ذی الحجہ	۵۷
۱۶۳	مسائل طواف وداع	۵۸
۱۶۷	عورت کے حج کا طریقہ	۵۹
۱۷۲	مسائل تمتع	۶۰
۱۷۵	نعت	۶۱
۱۷۸	مدینہ منورہ کا سفر	۶۲
۲۰۷	احکام سفر	۶۳
۲۰۹	نمازوں کے اوقات (مکہ مکرمہ و مدینہ منورہ)	۶۴

فہرست

بسم اللہ الرحمن الرحیم

کیا، کیوں، کیسے

۲۰۰۴ء میں بندے کو اللہ رب العزت نے پہلی مرتبہ حج کی سعادت نصیب فرمائی، روانگی کے وقت بندہ کے استاذ محترم حضرت مولانا مفتی محمد حنیف عبدالمجید صاحب دامت برکاتہم نے دوران حج، حج کے ضروری مسائل کو جمع کرنے کی طرف بندے کو توجہ دلائی، پھر دوران حج شیخ محترم سیدی و مولائی بھائی واصف منظور صاحب زید مجدہم نے بھی حضرت مفتی صاحب کی اس بات کی تائید فرمائی، بہر حال بندے نے مسائل جمع کرنا شروع کیے۔ ارادہ تھا کہ واپسی پر اہل علم سے ان مسائل کی تصدیق کے بعد ان کی اشاعت ہو جائے، تا کہ افادہ عام ہو لیکن ایسا نہ ہو سکا پھر ۲۰۰۵ء اور جنوری ۲۰۰۶ء کے حج میں

ان مسائل میں اضافہ کے بعد الحمدللہ کتاب شائع ہوئی اب اس کتاب کا نیا ایڈیشن آپ کے سامنے ہے، بندہ ان تمام حضرات کا شکر گزار ہے جنہوں نے بندے کی حوصلہ افزائی فرمائی، بندے پر اعتماد کرتے ہوئے یہ مبارک کام ذمہ لگایا۔

آپ تمام پڑھنے والوں سے گزارش ہے کہ دوران حج و عمرہ اس کتاب کو ضرور ساتھ رکھیں اور بندہ کے لیے اور جملہ اکابرین کے لیے دعائیں کرتے رہیں کہ اللہ جل شانہ مرتے دم تک دین کی محنت اور اشاعت کے کام میں لگائے رکھے اور بار بار اپنے پاک گھر اور اپنے پیارے حبیب صلی اللہ علیہ وسلم کے روضہ کی حاضری نصیب فرمائے، دوران حج و عمرہ اگر کچھ ایسے مسائل آپ کی نظر سے گزریں جو اس کتاب میں مذکور نہ ہوں یا اس کتاب میں کوئی غلطی نظر آئے تو ضرور مطلع فرمائیں یہ بندہ پر احسان ہوگا۔

سعد عبدالرزاق

فہرست

چند ضروری باتیں

میرے عزیز بھائیو اور بہنوں! ہم سب بہت خوش نصیب ہیں کہ اللہ نے ہمیں اپنے گھر کی طرف سفر کرنے کا اعزاز بخشا، دنیاوی مشاغل سے فراغت نصیب کی، اسباب کا انتظام کیا اور سب سے بڑی بات کہ ہمیں شرف قبولیت بخشا، یہاں تک کہ ہم اپنے سفر کا آغاز کر رہے ہیں سب سے پہلے کچھ اصطلاحی الفاظ کے معنی سمجھ لیں تاکہ کتاب کا سمجھنا اور ارکان کا ادا کرنا آسان ہو جائے۔

مسائل حج میں بعض چیزوں کے نام عربی میں ہیں، اکثر حج کرنے والے چونکہ عربی نہیں سمجھتے، لہٰذا وہ ان الفاظ کو بھی نہیں سمجھ پاتے، اس لئے ضرورت اس بات کی ہے کہ ان کی وضاحت کر دی جائے، ان باتوں کو اچھی طرح ذہن نشین کر لیں، کیونکہ آئندہ اصطلاحی الفاظ کا ذکر بار بار آئے گا۔

فہرست

تسبیح: سُبحَانَ اللہ کہنا۔

تکبیر: اَللّٰہُ اَکْبَر کہنا۔

تلبیہ: لَبَّیْکَ اَللّٰھُمَّ لَبَّیْکَ لَبَّیْکَ لَا شَرِیْکَ لَکَ لَبَّیْکَ اِنَّ الْحَمْدَ وَالنِّعْمَةَ لَکَ وَالْمُلْکَ لَاشَرِیْکَ لَکَ۔

تہلیل: لَا اِلٰہَ اِلَّا اللّٰہُ پڑھنا۔

آفاقی: وہ شخص ہے، جو میقات کی حدود سے باہر رہتا ہو، جیسے پاکستانی، مصری، شامی، وغیرہ۔

میقات: وہ مقام جہاں سے مکہ مکرمہ جانے والے کیلئے احرام باندھنا واجب ہے۔

میقاتی: میقات کا رہنے والا۔

حل: حدود حرم اور حدود میقات کے درمیانی علاقے کو حل کہتے ہیں، کیونکہ اس میں وہ چیزیں حلال ہیں جو حرم کے اندر حرام ہوتی

ہیں۔

حلی: حل کا رہنے والا۔

حرم: مکہ مکرمہ کے چاروں طرف کچھ دُور تک زمین حرم کہلاتی ہے، اس کی حدود پر نشانات لگے ہوئے ہیں، اس میں شکار کھیلنا، درخت کاٹنا وغیرہ حرام ہے۔

حرمی: وہ شخص جو حرم میں رہتا ہے، چاہے مکہ مکرمہ میں رہتا ہے، یا مکہ مکرمہ سے باہر حدود حرم میں۔

ذوالحلیفہ: یہ ایک جگہ کا نام ہے، مدینہ منورہ سے تقریباً چھ میل پر واقع ہے، مدینہ منورہ کی طرف سے مکہ مکرمہ آنے والوں کے لئے میقات ہے، اسے آجکل بیر علی کہتے ہیں۔

مکی: مکہ مکرمہ کا رہنے والا۔

عمرہ: حل یا میقات سے احرام باندھ کر بیت اللہ کا طواف اور صفا و مروہ کی سعی کر کے بال منڈوانا یا کتروا دینا۔

فہرست

اِفراد: صرف حج کا احرام باندھنا اور صرف حج کے افعال کرنا۔

مفرد: حج افراد کرنے والا۔

تمتع: حج کے مہینوں یعنی یکم شوال تا ۱۰ ذی الحج میں، پہلے عمرہ کرنا، پھر اسی سال میں حج کا احرام باندھ کر حج کرنا۔

مُتَمَتِّع: حج تمتع کرنے والا۔

قران: حج اور عمرہ دونوں کا احرام ایک ساتھ باندھ کر، پہلے عمرہ کرنا، پھر احرام کھولے بغیر اسی احرام میں حج کرنا۔

قارن: حج قران کرنے والا۔

احرام: کے معنی حرام کرنا، حاجی جس وقت حج یا عمرہ یا حج اور عمرہ دونوں کی نیت کر کے تلبیہ لَبَّیْکَ اَللّٰهُمَّ لَبَّیْکَ لَبَّیْکَ لَا شَرِیْکَ لَکَ لَبَّیْکَ اِنَّ الْحَمْدَ وَالنِّعْمَةَ لَکَ وَالْمُلْکَ لَا شَرِیْکَ لَکَ پڑھتا ہے، تو اس پر چند حلال اور مُباح چیزیں بھی احرام کی وجہ سے حرام ہو جاتی ہیں، اس لئے اسے احرام

کہتے ہیں، عام طور پر ان دو چادروں کو بھی احرام کہتے ہیں جن کو حاجی احرام کی حالت میں استعمال کرتا ہے۔

محرم: احرام باندھنے والا۔

بیت اللہ: یعنی کعبہ یہ مکہ معظّمہ میں مسجد حرام کے بیچ میں ایک مقدس مکان اور دنیا میں سب سے پہلا عبادت خانہ ہے، اس کو فرشتوں نے اللہ تعالیٰ کے حکم سے حضرت آدم علیہ السلام کی پیدائش سے بھی پہلے بنایا تھا، پھر منہدم ہو جانے کے بعد حضرت آدم علیہ السلام نے اس کو تعمیر کیا، پھر حضرت ابراہیم علیہ السلام نے، پھر قریش نے، پھر حضرت عبد اللہ بن زبیرؓ نے، پھر عبدالملک نے، اس کے بعد بھی مختلف زمانوں میں کچھ اصلاح اور مرمت ہوتی رہی ہے، یہ مُسلمانوں کا قبلہ ہے اور بڑا بابرکت اور مقدس مقام ہے۔

طواف: بیت اللہ کے چاروں طرف سات چکر لگانے کو طواف

کہتے ہیں۔

شوط: ایک چکر بیت اللہ کے چاروں طرف لگانا۔

مطاف: طواف کرنے کی جگہ جو بیت اللہ کے چاروں طرف ہے۔

حجر اسود: سیاہ پتھر، یہ جنت کا پتھر ہے، جنت سے آنے کے وقت دودھ کی طرح سفید تھا، لیکن بنی آدم کے گناہوں نے اس کو سیاہ کر دیا، یہ بیت اللہ کے مشرقی جنوبی گوشہ میں انسانی قد کے قریب اونچائی پر بیت اللہ کی دیوار میں گڑا ہوا ہے، اس کے چاروں طرف چاندی کا حلقہ چڑھا ہوا ہے۔

اِستلام: حجر اسود کو بوسہ دینا اور ہاتھ سے چھونا، یا حجر اسود کی طرف دور ہی سے صرف اشارہ کرنا۔

اضطباع: احرام کی چادر کو داہنی بغل کے نیچے سے نکال کر بائیں کندھے پر ڈالنا۔

فہرست

رمل: طواف کے پہلے تین پھیروں میں اکڑ کر شانہ ہلاتے ہوئے قریب قریب قدم رکھ کر ذرا تیزی سے چلنا۔

مقام ابراہیم: جنتی پتھر ہے۔ حضرت ابراہیم علیہ السلام نے اس پر کھڑے ہو کر بیت اللہ کو تعمیر کیا تھا۔

ملتزم: حجر اسود اور بیت اللہ کے دروازے کے درمیان کی دیوار جس پر لپٹ کر دعا مانگنا مسنون ہے۔

حطیم: بیت اللہ کی شمالی جانب بیت اللہ سے متصل انسانی قد کے برابر دیوار سے کچھ حصہ زمین کا گھرا ہوا ہے، اس کو حطیم کہتے ہیں۔

جناب رسول اللہ صلی اللہ علیہ وسلم کو نبوت ملنے سے پہلے جب خانہ کعبہ کو قریش نے تعمیر کرنا چاہا، تو سب نے یہ اتفاق کیا کہ حلال کمائی کا مال اس میں خرچ کیا جائے گا، لیکن حلال سرمایہ کم تھا، اس وجہ سے شمال کی جانب اصل قدیم بیت اللہ میں سے

تقریباً چھ گز شرعی جگہ چھوڑ دی، اس چُھٹی ہوئی جگہ کو حطیم کہتے ہیں، اصل حطیم چھ گز شرعی کے قریب ہے، اب کچھ احاطہ زائد بنا ہوا ہے۔

رکن یمانی: بیت اللہ کے جنوب مغربی گوشہ کو کہتے ہیں، چونکہ یہ یمن کی جانب ہے۔

رکن عراقی: بیت اللہ کا شمال مشرقی گوشہ جو عراق کی طرف ہے۔

رکن شامی: بیت اللہ کا وہ گوشہ، جو شام کی طرف ہے، یعنی مغربی شمالی گوشہ۔

زمزم: مسجد حرام میں بیت اللہ کے قریب ایک مشہور چشمہ ہے، جس پر جانے کی آج کل اجازت نہیں، جس کو حق تعالیٰ نے اپنی قدرت سے اپنے نبی حضرت اسمٰعیل علیہ السلام اور ان کی والدہ کے لئے جاری کیا تھا۔

سعی: صفا اور مروہ کے درمیان سات چکر لگانا۔

فہرست

صفا: بیت اللہ کے قریب جنوبی طرف، ایک چھوٹی سی پہاڑی ہے، جس سے سعی شروع کی جاتی ہے۔

میلین اخضرین: صفا اور مروہ کے درمیان مسجد حرام کی دیوار میں دو سبز میل (نشان) لگے ہوئے ہیں، جن کے درمیان سعی کرنے والے دوڑ کر چلتے ہیں۔

مروہ: بیت اللہ کے شرقی شمالی گوشہ کے قریب ایک چھوٹی سی پہاڑی ہے، جس پر سعی ختم ہوتی ہے۔

حلق: سر کے بال مُنڈانا۔

قصر: بال کتروانا۔

یوم الترویۃ: آٹھویں ذی الحجہ کو کہتے ہیں۔

منیٰ: مکہ معظّمہ سے تین میل مشرق کی طرف ایک جگہ ہے، جہاں پر قربانی اور رمی کی جاتی ہے، یہ حدود حرم میں داخل ہے۔

مسجد خیف: منیٰ کی بڑی مسجد کا نام ہے۔

فہرست

ایام تشریق: نویں ذی الحجہ کی فجر سے تیرہ ذی الحجہ کی عصر تک جن ایام میں تکبیر تشریق پڑھی جاتی ہے۔

وقوف: کے معنی ٹھہرنا اور احکام حج میں اس سے مراد، میدانِ عرفات یا مزدلفہ میں خاص وقت میں ٹھہرنا۔

یوم عرفہ: نویں ذی الحجہ جس روز حج ہوتا ہے اور حجاج کرام عرفات میں وقوف کرتے ہیں۔

عرفات یا عرفہ: مکہ مکرمہ سے تقریباً ۹ میل مشرق کی طرف ایک میدان ہے، جہاں حجاج کرام نویں ذی الحجہ کو وقوف کرتے ہیں۔

جبل رحمت: عرفات میں ایک پہاڑ ہے۔

بطن عرنہ: عرفات کے قریب ایک میدان ہے، جس میں وقوف درست نہیں ہے، کیونکہ یہ حدود عرفات سے خارج ہے۔

مسجد نمرہ: عرفات کے کنارے پر ایک مسجد ہے۔

مزدلفہ: منیٰ اور عرفات کے درمیان ایک میدان ہے، جو منیٰ سے

تین میل مشرق کی طرف ہے۔

محسر: مزدلفہ سے ملا ہوا ایک میدان ہے، جہاں سے گزرتے وقت دوڑ کر نکلتے ہیں۔

ایام نحر: دس ذی الحجہ کی فجر سے بارہویں کی مغرب تک۔

رمی: کنکریاں پھینکنا۔

جمرات یا جمار: منیٰ میں تین مقام ہیں، جن پر ستون بنے ہوئے ہیں، یہاں پر کنکریاں ماری جاتی ہیں، ان میں سے جو مسجد خیف کے قریب ہے، اس کو جمرۂ اُولیٰ کہتے ہیں اور اُس کے بعد والے کو جمرۂ وسطیٰ اور اس کے بعد والے کو جمرۂ عقبہ کہتے ہیں۔

دم: احرام کی حالت میں بعض ممنوع افعال کرنے سے، بکری وغیرہ ذبح کرنی واجب ہوتی ہے، اس کو دم کہتے ہیں۔

جنت المعلیٰ: مکہ مکرمہ کا قبرستان۔

جنت البقیع: مدینہ منورہ کا قبرستان

فہرست

نقشہ افعال عمرہ اور افعال حج

عمرہ، حج افراد، حج تمتع اور حج قران کے تمام مناسک مختصر طریقہ سے فہرست کے طور پر ترتیب وار علیحدہ علیحدہ لکھے جاتے ہیں، حاجی کو چاہیئے کہ اس فہرست کو عمرہ اور حج کے وقت ساتھ رکھے اور ہر عمل کے احکام، اس عمل کو کرتے ہوئے اس کے بیان میں دیکھ لے، اس فہرست میں طواف قدوم کے علاوہ باقی افعال صرف وہ شمار کیے گئے ہیں، جو شرط یا رکن یا واجب ہیں، سنتوں اور مستحبات کو شمار نہیں کیا گیا، کیونکہ ان کی فہرست بہت طویل ہے، ان کا ذکر ہر عمل کے بیان میں کر دیا گیا ہے۔

عمرہ

صرف عمرہ کا احرام باندھنے کی صورت میں کئے جانے والے اعمال

نمبر شمار	افعال	حکم
۱	احرام عمرہ	فرض
۲	طواف	فرض
۳	سعی	واجب
۴	سر منڈوانا یا کتروانا	واجب

نوٹ: عمرہ کرنے والا سر منڈوانے یا ایک چوتھائی سر کے بال کٹوانے کے بعد عمرے کے احرام سے حلال ہو جائے گا۔

حج افراد

صرف حج کا احرام باندھنے کی صورت میں کئے جانے والے اعمال

نمبر شمار	افعال	حکم
۱	احرام	فرض
۲	طواف قدوم	سنت
۳	وقوف عرفہ	فرض
۴	وقوف مزدلفہ	واجب
۵	۱۰ ذی الحجہ کو بڑے شیطان کو کنکریاں مارنا	واجب
٦	قربانی	مستحب
۷	سر منڈوانا یا چوتھائی سر کے بال کتروانا	واجب
۸	طواف زیارت	فرض
۹	سعی	واجب

۱۰	۱۱، ۱۲ ذی الحجہ کو تینوں شیطانوں کو کنکریاں مارنا	واجب
۱۱	طواف وداع (آفاقی کے لئے)	واجب

نوٹ:

❶ آفاقی اس حاجی کو کہتے ہیں جو میقات سے باہر کا رہنے والا ہو۔

❷ افراد کرنے والا اگر حج کی سعی طواف قدوم کے بعد کرے تو طواف قدوم میں رمل اور اضطباع بھی کرے، مگر افضل یہ ہے کہ حج کی سعی طواف زیارت کے بعد کرے۔

❸ آفاقی تینوں قسموں کا حج کرسکتا ہے البتہ جو شخص میقات کی حدود کے اندر کا رہنے والا ہو وہ صرف حج افراد ہی کرسکتا ہے۔

حج قران

حج وعمرہ کا ایک ساتھ احرام باندھنے کی صورت میں کئے جانے والے اعمال

نمبرشمار	افعال	حکم
۱	احرام حج وعمرہ	فرض
۲	طواف عمرہ	فرض
۳	سعی عمرہ	واجب
۴	طواف قدوم	سنت
۵	حج کی سعی	واجب
۶	وقوف عرفہ	فرض
۷	وقوف مزدلفہ	واجب
۸	۱۰ ذی الحجہ کو بڑے شیطان کو کنکریاں مارنا	واجب
۹	قربانی	واجب

فہرست

۱۰	سر منڈوانا یا چوتھائی سر کے بال کتروانا کتروانا	واجب
۱۱	طواف زیارت	فرض
۱۲	۱۱، ۱۲ ذی الحجہ کو تینوں شیطانوں کو کنکریاں مارنا	واجب
۱۳	طواف وداع	واجب

نوٹ:

❶ حج قران کرنے والے کے لئے حج کی سعی طواف قدوم کے بعد افضل ہے، اگر طواف قدوم کے بعد سعی کرنے کا ارادہ نہ ہو تو طواف قدوم میں رمل اور اضطباع بھی نہ کرے اور سعی طواف زیارت کے بعد کرے۔

❷ حج قران کرنے والا عمرہ کا طواف اور سعی کرنے کے بعد بال نہیں منڈوائے گا اور نہ ہی احرام سے حلال ہوگا بلکہ حج کے

افعال ادا کرنے تک حالت احرام ہی میں رہے گا۔

حج تمتع

پہلے صرف عمرہ کا احرام باندھنے اور پھر حج کا احرام باندھنے کی صورت میں کئے جانے والے اعمال

نمبر شمار	افعال	حکم
۱	احرام عمرہ	فرض
۲	طواف عمرہ	فرض
۳	سعی عمرہ	واجب
۴	سر منڈوانا یا کتروانا	واجب
۵	آٹھویں ذی الحجہ کو حج کا احرام باندھنا	فرض
۶	وقوف عرفہ	فرض
۷	وقوف مزدلفہ	واجب
۸	۱۰ ذی الحجہ کو بڑے شیطان کو کنکریاں مارنا	واجب

فہرست

۹	قربانی	واجب
۱۰	سر منڈوانا یا چوتھائی سر کے بال کتروانا کتروانا	واجب
۱۱	طواف زیارت	فرض
۱۲	حج کی سعی	واجب
۱۳	۱۱، ۱۲ ذی الحجہ کو تینوں شیطانوں کو کنکریاں مارنا	واجب
۱۴	طواف وداع	واجب

نوٹ: حج تمتع کرنے والا عمرہ کا طواف اور سعی کرنے کے بعد بال منڈوا کر عمرہ کے احرام سے حلال ہو جائے گا اور ۸ ذی الحجہ کو مکہ مکرمہ ہی سے حج کا احرام باندھے گا۔

نقشہ برائے ایام حج

۸ ذی الحجہ

حکم	افعال	نمبر شمار
فرض	حج کا احرام باندھنا	۱
سنت	زوال سے پہلے منیٰ پہنچنا	۲
سنت	ظہر، عصر، مغرب اور عشاء منیٰ میں پڑھنا	۳
سنت	آٹھ اور نو ذی الحجہ کی درمیانی شب منیٰ میں گزارنا	۴

اہم گزارشات:

❶ آٹھ ذی الحجہ کو حج کا احرام حج تمتع کرنے والے حجاج کرام باندھیں گے، حج افراد اور حج قران کرنے والے حجاج کرام تو پہلے ہی سے حالت احرام میں ہوں گے۔

❷ آٹھ ذی الحجہ کو سورج نکلنے کے بعد مکہ مکرمہ سے منیٰ روانہ ہونا

سنّت ہے، لیکن آج کل حجاج کی تعداد بہت زیادہ ہوجانے کی وجہ سے معلّم مجبوراً لوگوں کو رات ہی سے منٰی بھیجنا شروع کردیتے ہیں، اس لئے اگر رات کو منٰی جانا پڑے تو مجبوری سمجھ کر چلے جائیں۔

۳ آج کل ہجوم کی وجہ سے منٰی کے بعض خیمے مزدلفہ میں لگائے جاتے ہیں یاد رہے کہ منٰی میں رات گزارنا سنت ہے، اس لئے وہ حضرات جن کے خیمے مزدلفہ میں ہیں، وہ رات کے کسی حصے میں تھوڑی دیر کیلئے منٰی آجائیں تاکہ کسی نہ کسی درجہ میں یہ سنت ادا ہوجائے۔

۹ ذی الحجہ

حکم	افعال	نمبر شمار
سنت	نو ذی الحجہ کو فجر کی نماز منیٰ میں پڑھنا	۱
واجب	نو ذی الحجہ کی فجر سے لے کر تیرہ ذی الحجہ کی عصر تک ہر نماز کے بعد تکبیر تشریق پڑھنا	۲
سنت	زوال سے پہلے عرفات پہنچنا	۳
سنت	حج کا خطبہ سننا	۴
سنت	اگر شرائط پائی جائیں تو ظہر و عصر کی نماز ایک ساتھ پڑھنا	۵
فرض	زوال کے بعد وقوف عرفہ کرنا	۶
واجب	سورج غروب ہونے تک عرفات میں ٹھہرنا	۷

فہرست

۸	سورج غروب ہونے کے بعد عرفات سے مزدلفہ روانہ ہونا	سنت
۹	مزدلفہ پہنچ کر عشاء کے وقت میں مغرب وعشاء کی نماز اکٹھا پڑھنا	واجب
۱۰	نو اور دس ذی الحجہ کی درمیانی رات مزدلفہ میں گزارنا	سنت
۱۱	شیطان کو مارنے کے لئے کنکریاں جمع کرنا	سنت

اہم گزارشات:

❶ تکبیر تشریق کے الفاظ یہ ہیں

اَللّٰہُ اَکْبَرُ اَللّٰہُ اَکْبَرُ لَا اِلٰہَ اِلَّا اللّٰہُ وَاللّٰہُ اَکْبَرُ اَللّٰہُ اَکْبَرُ وَلِلّٰہِ الْحَمْدُ

❷ اگر کسی شخص نے مغرب کی نماز عرفات میں، یا راستہ میں مزدلفہ پہنچنے سے پہلے، یا مزدلفہ پہنچ کر عشاء کا وقت داخل ہونے

سے پہلے ادا کرلی تو اس کی مغرب کی نماز نہیں ہوئی اس پر مزدلفہ پہنچ کر عشاء کا وقت داخل ہونے کے بعد مغرب کی نماز کا لوٹانا واجب ہے۔

❸ اگر ۱۰، ۱۱ اور ۱۲ تین دن رمی کرنی ہے تو کم از کم ۴۹ کنکریاں جمع کرے اور اگر ۱۳ کو بھی رمی کرنی ہے تو کم از کم ۷۰ کنکریاں جمع کرے۔

۱۰ ذی الحجہ

نمبر شمار	افعال	حکم
۱	صبح صادق کے بعد اول وقت میں فجر کی نماز پڑھنا	سنت
۲	طلوع آفتاب سے پہلے پہلے وقوف مزدلفہ کرنا	واجب
۳	طلوع آفتاب سے پہلے منیٰ روانہ ہو جانا	سنت

۴	منٰی پہنچ کر بڑے شیطان کو کنکریاں مارنا	واجب
۵	حج کی قربانی کرنا	واجب
۶	سر کے بال منڈوانا یا کتروانا	واجب
۷	قربانی اور حلق کا حدود حرم میں کرنا	واجب
۸	رمی، قربانی اور حلق ترتیب سے کرنا	واجب
۹	طواف زیارت کرنا	فرض
۱۰	طواف زیارت کے بعد حج کی سعی کرنا	واجب
۱۱	دس اور گیارہ ذی الحجہ کی درمیانی رات منٰی میں گزارنا	سنت

اہم گزارشات:

❶ جمرہ عقبیٰ (بڑے شیطان) کو پہلی کنکری مارنے سے پہلے ہی تلبیہ پڑھنا بند کردیا جائے گا۔

❷ دس ذی الحجہ کی رمی (کنکریاں مارنے) کا وقت دس ذی الحجہ

کی صبح صادق سے گیارہ ذی الحجہ کی صبح صادق تک ہے۔

❸ حج کی قربانی حج افراد کرنے والے کے لئے افضل جبکہ حج تمتع اور حج قران کرنے والے پر واجب ہے۔

❹ طواف زیارت کا وقت دس ذی الحجہ کی صبح صادق سے بارہ ذی الحجہ کے سورج غروب ہونے تک ہے اس دوران کسی بھی وقت طواف زیارت ادا کیا جا سکتا ہے۔

❺ حج افراد اور حج تمتع کرنے والے کے لئے حج کی سعی طواف زیارت کے بعد کرنا افضل ہے جبکہ حج قران کرنے والے کے لئے حج کی سعی طواف قدوم کے بعد کرنا افضل ہے۔

❻ بال منڈواتے ہی احرام کھل جائے گا اور سوائے عورت کے سب چیزیں حلال ہو جائیں گی اور طواف زیارت کرنے کے بعد عورت بھی حلال ہو جائے گی۔

❼ منیٰ حدود حرم میں داخل ہے۔

۱۱ ذی الحجہ

نمبر شمار	افعال	حکم
۱	زوال کے بعد تینوں جمرات کی رمی کرنا	واجب
۲	تینوں جمرات کی رمی ترتیب سے (پہلے چھوٹے، پھر درمیانے اور پھر بڑے شیطان کی رمی) کرنا	سنت
۳	چھوٹے اور درمیانے شیطان کی رمی کے بعد دعا مانگنا اور بڑے شیطان کی رمی کے بعد دعا نہ مانگنا	سنت
۴	گیارہ اور بارہ ذی الحجہ کی درمیانی شب منٰی میں گزارنا	سنت

اہم گزارشات:

❶ گیارہ اور بارہ ذی الحجہ کو رمی کا وقت زوال کے بعد شروع ہوتا ہے اگر کسی نے زوال سے پہلے رمی کر لی تو رمی ادا نہ ہوگی بلکہ

لوٹانا واجب ہوگا۔

❷ گیارہ ذی الحجہ کی رمی کا وقت گیارہ ذی الحجہ کے زوال کے وقت سے بارہ ذی الحجہ کی صبح صادق تک ہے۔

۱۲ ذی الحجہ

حکم	افعال	نمبر شمار
واجب	زوال کے بعد تینوں جمرات کی رمی کرنا	۱
سنت	تینوں جمرات کی رمی ترتیب سے (پہلے چھوٹے، پھر درمیانے اور پھر بڑے شیطان کی رمی) کرنا	۲
سنت	چھوٹے اور درمیانے شیطان کی رمی کے بعد دعا مانگنا اور بڑے شیطان کی رمی کے بعد دعا نہ مانگنا	۳
جائز	سورج غروب ہونے سے پہلے پہلے مکہ مکرمہ روانہ ہو جانا	۴

۵	سورج غروب ہونے کے بعد مکہ مکرمہ روانہ ہونا	مکروہ
۶	بارہ اور تیرہ ذی الحجہ کی درمیانی شب منٰی میں گزارنا	سنت

اہم گزارشات:

❶ گیارہ اور بارہ ذی الحجہ کو رمی کا وقت زوال کے بعد شروع ہوتا ہے اگر کسی نے زوال سے پہلے رمی کر لی تو رمی ادا نہ ہوگی بلکہ لوٹانا واجب ہوگا۔

❷ بارہ ذی الحجہ کی رمی کا وقت بارہ ذی الحجہ کے زوال کے وقت سے تیرہ ذی الحجہ کی صبح صادق تک ہے۔

❸ غروب آفتاب سے پہلے منٰی سے مکہ مکرمہ روانہ ہو جائے، غروب کے بعد منٰی سے جانا مکروہ ہے اور اگر ۱۳ ذی الحجہ کی صبح صادق منٰی میں رہتے ہوئے ہوگئی تو پھر ۱۳ ذی الحجہ کی

رمی بھی واجب ہو جائے گی۔

۱۳ ذی الحجہ

نمبر شمار	افعال	حکم
۱	زوال کے بعد تینوں جمرات کی رمی کرنا	واجب
۲	تینوں جمرات کی رمی ترتیب سے (پہلے چھوٹے، پھر درمیانے اور پھر بڑے شیطان کی رمی) کرنا	سنت
۳	چھوٹے اور درمیانے شیطان کی رمی کے بعد دعا مانگنا اور بڑے شیطان کی رمی کے بعد دعا نہ مانگنا	سنت

اہم گزارشات:

❶ تیرہ ذی الحجہ کی رمی کا وقت تیرہ ذی الحجہ کے زوال کے وقت سے تیرہ ذی الحجہ کے غروب آفتاب تک ہے، البتہ تیرہ ذی الحجہ کو زوال سے پہلے اگر کسی نے رمی کر لی تو کراہت کے ساتھ رمی

جائز ہو جائے گی۔

حج الحمد للہ مکمل ہو گیا، اب حج کے واجبات میں سے صرف ایک واجب طواف وداع باقی رہ گیا، گھر روانہ ہونے سے پہلے اس واجب کو بھی ادا کر لیں اور واپسی تک جو وقت باقی رہ گیا ہے اس کو غنیمت جانیں اور خوب عبادات، طواف اور نوافل میں مشغول رہیں۔

فہرست

بِسۡمِ اللّٰہِ الرَّحۡمٰنِ الرَّحِیۡمِ

نَحۡمَدُہٗ وَنُصَلِّیۡ عَلٰی رَسُوۡلِہِ الۡکَرِیۡمِ

لَبَّیۡکَ اَللّٰھُمَّ لَبَّیۡکَ لَبَّیۡکَ لَا شَرِیۡکَ لَکَ لَبَّیۡکَ

اِنَّ الۡحَمۡدَ وَالنِّعۡمَۃَ لَکَ وَالۡمُلۡکَ لَا شَرِیۡکَ لَکَ

حج تمتع کا مختصر طریقہ

جب حاجی اپنے گھر سے روانہ ہوتا ہے تو میقات تک اس کے اوپر حج کے کوئی احکامات جاری نہیں ہوتے، میقات کے بعد سے حج کے احکامات جاری ہوتے ہیں چاہے جس میقات سے گزرے اور اس کی مکہ مکرمہ جانے کی نیت ہو، اسے میقات سے عمرہ یا حج کا احرام باندھنا واجب ہے (البتہ براہ راست مدینہ منورہ جانے کی صورت میں احرام نہیں باندھا جائے گا) یہ احرام مکہ معظّمہ تک بندھا رہے گا، مکہ معظّمہ پہنچ کر بیت اللہ شریف کا طواف کریں، اس کے بعد سعی (صفا مروہ) کریں، سعی سے

فارغ ہو کر اپنا سر منڈوالیں، بس اب آپ عمرہ سے فارغ ہیں، احرام کھل گیا، نمازیں پڑھیں، جماعت کا خاص خیال رکھیں، کثرت سے طواف کریں، ۸ ذی الحجہ کو پھر آپ کو حج کے لئے احرام باندھنا ہے۔

حج کا پہلا دن ۸ ذی الحجہ

۸ ذی الحجہ کو غسل وغیرہ کر کے جسم پر خوشبو لگا کر (لیکن ایسی خوشبو نہ لگائیں جس کا جسم باقی رہے) احرام باندھ کر احرام کے دو رکعت نفل پڑھیں، پھر اس طرح نیت کریں:

اَللّٰھُمَّ اِنِّیْ اُرِیْدُ الْحَجَّ فَیَسِّرْہُ لِیْ وَتَقَبَّلْہُ مِنِّیْ

اے اللہ! میں حج کی نیت کرتا ہوں اس کو میرے لئے آسان فرمادے اور قبول فرمالے۔

اگر حج کی سعی پہلے کرنا چاہیں تو احرام کے بعد رمل اور اضطباع کے ساتھ طواف کریں اور اس کے بعد حج کی سعی کی نیت سے سعی

کریں، مگر حج تمتع کرنے والے کے لئے طواف زیارت کے بعد حج کی سعی کرنا افضل ہے، طلوع آفتاب کے بعد مکہ معظّمہ سے منیٰ کی طرف روانہ ہوجائیں، منیٰ پہنچ کر پانچ نمازیں ظہر، عصر، مغرب، عشاء اور فجر پڑھیں۔

حج کا دوسرا دن ۹ ذی الحجہ

۹ ذی الحجہ کی صبح بعد نماز فجر طلوع آفتاب کا انتظار کریں، نیز فجر کی نماز جب اُجالا ہوجائے، تب پڑھیں، جب کچھ دھوپ نکل آئے تو سکون اور اطمینان کے ساتھ تلبیہ یعنی

لَبَّیْکَ اَللّٰھُمَّ لَبَّیْکَ لَبَّیْکَ لَا شَرِیْکَ لَکَ لَبَّیْکَ اِنَّ الْحَمْدَ وَالنِّعْمَۃَ لَکَ وَالْمُلْکَ لَاشَرِیْکَ لَکَ

پڑھتے ہوئے عرفات روانہ ہوجائیں، درود شریف، ذکر الٰہی اور تلبیہ کی کثرت رکھیں۔

طلوع آفتاب سے پہلے منیٰ سے عرفات روانہ ہونا خلاف سنت

ہے، عرفات پہنچ کر سوائے وادئ عرنہ کے جہاں چاہیں قیام کریں، جبل رحمت کے قریب قیام کرنا افضل ہے، آج کل حجاج کے قیام کا انتظام معلمین حضرات کرتے ہیں، زوال کے بعد وقوف عرفات یعنی حج کا وقت شروع ہوجاتا ہے، اس وقت عرفات ہی میں آپ کو رہنا ضروری ہے، زوال سے پہلے غسل کرنا افضل ہے، غسل نہ کرسکیں تو صرف وضو کرلیں اور پھر یہ دُعا بار بار پڑھیں

سُبْحَانَ اللهِ وَالْحَمْدُ لِلّٰهِ وَلَا اِلٰهَ اِلَّا اللهُ

میدان عرفات میں ان اذکار کا اہتمام کریں

سومرتبہ

لَا اِلٰهَ اِلَّا اللهُ وَحْدَهٗ لَاشَرِيْكَ لَهٗ لَهُ الْمُلْكُ وَلَهُ الْحَمْدُ وَهُوَ عَلٰى كُلِّ شَيْءٍ قَدِيْرٌ

فہرست

اور سو مرتبہ

قُلْ هُوَ اللّٰهُ اَحَدٌ پوری سورت

اور سو مرتبہ

سُبْحَانَ اللّٰهِ وَالْحَمْدُ لِلّٰهِ وَلَا اِلٰهَ اِلَّا اللّٰهُ وَاللّٰهُ اَكْبَرُ

اور سو مرتبہ

اَللّٰهُمَّ صَلِّ عَلٰى مُحَمَّدٍ وَّعَلٰى اٰلِ مُحَمَّدٍ كَمَا صَلَّيْتَ عَلٰى اِبْرَاهِيْمَ وَعَلٰى اٰلِ اِبْرَاهِيْمَ اِنَّكَ حَمِيْدٌ مَّجِيْدٌ وَعَلَيْنَا مَعَهُمْ

عرفات میں نہایت عاجزی اور انکساری کے ساتھ شام تک دُعاء و استغفار کرتے رہیں، عرفات کا مبارک وقت اور مبارک دن بار بار نصیب نہیں ہوتا اسی محدود وقت کا نام حج ہے، تجلّیات و برکات کے اُس پُر نور دن کو غفلت ولا پرواہی سے نہ گزارنا چاہیئے، دل و دماغ میں اللہ تبارک وتعالیٰ کی شان عظمت و کبریائی

کا تصور قائم کر کے تلاوت قرآن مجید، کثرت دُرود شریف، تلبیہ اور ذکر وفکر میں اپنا سارا وقت شام تک صرف کریں اور اپنے رشتہ دار واحباب، سعد عبدالرزاق اور اس کے گھر والوں اور تمام مسلمانوں کے لئے بھی دعا کریں، قبولیت دُعا کا یہ عجیب وقت ہوتا ہے، میدان عرفات میں اس دن جو بھی دعا مانگی جائے گی، وہ ان شاء اللہ قبول ہوگی۔

غروب آفتاب کے بعد عرفات سے مزدلفہ روانہ ہو جائیں اور اگر غروب آفتاب سے پہلے مزدلفہ روانہ ہو گئے، تو دم دینا واجب ہوگا، مگر مغرب کی نماز عرفات میں نہ پڑھیں، بلکہ مزدلفہ پہنچ کر عشاء کے وقت میں مغرب وعشاء دونوں ایک اذان اور ایک اقامت کے ساتھ پڑھیں اور دونوں نمازوں کے درمیان سنت اور نفل نہ پڑھیں، بلکہ مغرب وعشاء کی سنت اور وتر عشاء کی نماز کے بعد حسب ترتیب پڑھیں، مزدلفہ کے علاوہ کسی دوسری جگہ

فہرست

نماز مغرب وعشاء ملاکر یا علیحدہ پڑھ لی، تو مزدلفہ پہنچ کر دوبارہ پڑھنی ہوگی، اگر راستہ میں اتنی دیر ہوجائے کہ طلوع فجر کا اندیشہ ہو، تو مغرب وعشاء راستہ میں پڑھ سکتے ہیں، اگر مغرب کے وقت مزدلفہ پہنچ جائیں تو تب بھی نماز مغرب، عشاء کے وقت سے پہلے نہ پڑھیں اور اگر راستہ میں دیر ہوجائے اور یہ ڈر ہو کہ عشاء کا وقت بھی نکل جائے گا تو اس صورت میں راستے ہی میں مغرب وعشاء کی نماز پڑھ لیں، پھر اگر مزدلفہ صبح صادق سے پہلے پہنچ جائے تو ان نمازوں کو دہرانا ہوگا۔

مزدلفہ کی رات برکات وانوار کی رات ہے، جس قدر بھی ممکن ہو غنیمت سمجھ کر عبادت وذکر الٰہی میں تمام رات مصروف رہیں، علماء کے نزدیک یہ رات شب قدر اور شب جمعہ سے بھی افضل ہے، اس رات کا مزدلفہ میں گزارنا سنت مؤکدہ ہے، طلوع فجر کے وقت سے وقوف مزدلفہ کا وقت ہے، اس کے لئے غسل کرنا

مستحب ہے، طلوع آفتاب تک یہاں دُعاوغیرہ میں مشغول رہنا مسنون ہے۔

وقوف مزدلفہ واجب ہے، چاہے تھوڑی سی دیر کے لئے کیوں نہ ہو، بلا عذر طلوع فجر سے پہلے مزدلفہ سے روانگی یا دس ذی الحجہ کو طلوع آفتاب کے بعد مزدلفہ پہنچنے کی صورت میں دم دینا واجب ہوگا، مزدلفہ میں ہر جگہ ٹھہر سکتے ہیں مگر مشعر حرام کے قریب ٹھہرنا افضل ہے، طلوع آفتاب سے کچھ پہلے سکون کے ساتھ منیٰ کی طرف روانہ ہو جائیں، منیٰ میں رمی جمار (کنکریاں مارنا) کے لئے مزدلفہ سے ستر کنکریاں جس کی مقدار چنے کے دانے کے برابر ہو، اپنے ساتھ لے جائیں۔

حج کا تیسرا دن ۱۰ ذی الحجہ

دس تاریخ کو منیٰ پہنچ کر سب سے پہلے صرف بڑے شیطان کی رمی کریں، طریقہ یہ ہے کہ جمرہ کے سامنے کھڑے ہو کر داہنے

ہاتھ سے پے در پے سات کنکریاں ماریں اور ہر دفعہ یہ دعا پڑھیں:

بِسْمِ اللّٰہِ اَللّٰہُ اَکْبَرُ رَغْمًا لِّلشَّیْطٰنِ وَرِضیً لِّلرَّحْمٰنِ اَللّٰھُمَّ اجْعَلْہُ حَجًّا مَّبْرُوْرًا وَّذَنْبًا مَّغْفُوْرًا وَّسَعْیًا مَّشْکُوْرًا

جمرہ عقبہ کی رمی سے فارغ ہو کر سب سے پہلے قربانی کرنا واجب ہے، مفرد (حج افراد کرنے والے) کے لئے قربانی کرنا مستحب ہے جبکہ حج تمتع اور حج قران کرنے والے پر واجب ہے، قربانی کرنے کے بعد اپنے بال منڈوا کر احرام سے فارغ ہو جائے۔

۱۰ ذی الحجہ کو طواف زیارت کرنا افضل ہے، اگر نہ ہو سکے تو گیارہ یا بارہ ذی الحجہ کو کرلیں، یہ طواف حج کا آخری رکن اور فرض ہے، بال کٹوا لینے کے بعد ہر وہ چیز (سوائے عورت کے) جو احرام کی وجہ سے منع تھی، جائز ہو گئی، عورت طوافِ زیارت کے بعد حلال

ہوگی، اگر پہلے حج کی سعی نہ کی ہو تو حج کی سعی بھی کرلیں اور منیٰ واپس آجائیں، منیٰ میں رات گزارنا سنت ہے۔

طواف زیارت ۱۲ ذی الحجہ کے غروبِ آفتاب سے پہلے کرنا ضروری ہے، ایام نحر قربانی کے تین دن میں اگر طواف زیارت نہ کیا تو دم دینا ہوگا اور طواف زیارت بھی کرنا ہوگا، پہلے دن جمرہ عقبہ کی رمی کا وقت فجر سے لے کر اگلے دن فجر تک ہے، مگر مسنون اور افضل یہی ہے کہ رمی جمار (شیطان کو کنکری مارنا) طلوع آفتاب کے بعد اور زوال سے پہلے ہو، کمزور وضعیف اور عورتوں کے لئے تاخیر سے رمی کرنے میں کوئی حرج نہیں، ورنہ بلا عذر رات کو رمی جمار کرنا مکروہ ہے۔

حج کا چوتھا اور پانچواں دن ۱۱ اور ۱۲ ذی الحجہ

۱۱ اور ۱۲ ذی الحجہ کو زوال کے بعد تینوں شیطانوں پر کنکریاں ماریں، پہلے جمرہ اولیٰ (چھوٹا شیطان) پھر جمرہ وسطی (درمیانی

شیطان) پھر جمرہ عقبہ (بڑا شیطان) کی رمی کریں اور ہر کنکری کے ساتھ بِسْمِ اللہِ اَللّٰہُ اَکْبَرْ والی پوری دعا پڑھیں، ۱۲ تاریخ کو غروب آفتاب سے پہلے بغیر کسی کراہت کے منیٰ سے مکہ معظّمہ آسکتے ہیں، غروب آفتاب کے بعد آنا مکروہ ہے، لیکن اگر ۱۳ تاریخ کی صبح صادق منیٰ میں ہوجائے تو پھر ۱۳ تاریخ کی رمی کے بغیر آنا جائز نہیں، تینوں شیطانوں پر زوال کے بعد کنکریاں ماریں (زوال سے پہلے ماری گئی کنکریاں شمار نہ ہوں گی)، اب اللہ تعالیٰ کا شکر ادا کرتے ہوئے مکہ معظّمہ آجائیں، اللہ تعالیٰ کے دربار میں حاضری کی عظیم الشان سعادت آپ کو حاصل ہوئی اور حج نصیب ہوا، ساری عمر کی یہ دیرینہ تمنا اس کے فضل وکرم سے بخیر وخوبی پوری ہوئی، اس کے بعد جب تک آپ اپنے وطن نہ جائیں، حرم شریف میں نماز باجماعت پڑھیں، نفلی طواف کریں، موقعہ کو غنیمت سمجھیں، جب اپنے گھر جائیں، تو

طواف وداع کر کے رخصت ہوجائیں،طواف وداع حج کا آخری واجب ہے،اگرعورت کے ایام شروع ہوجائیں اور واپسی کا وقت آجائے تو ایسی عورت کے لئے طواف وداع کرنا ضروری نہیں۔

مقامات قبولیت دُعا

(۱)میدان عرفات (۲)شب مزدلفہ (۳)مزدلفہ میں وقت فجر کے بعد (۴)رمی جمار کے بعد (۵)جب پہلی مرتبہ کعبہ پر نظر پڑے (۶)صفا (۷)مروہ پر (۸)سعی کرتے ہوئے (۹)میلین اخضرین کے درمیان دوڑتے ہوئے (۱۰)مطاف (۱۱)مقام ابراہیم (۱۲)ملتزم (۱۳) حطیم (۱۴)میزاب رحمت کے نیچے (۱۵)آب زم زم پی کر (۱۶) بیت اللہ کے اندر (۱۷) حجر اسود اور رکن یمانی کے درمیان اور (۱۸)طواف وداع کے بعد۔

فہرست

اللہ تعالیٰ سے دعا کریں کہ اللہ تعالیٰ آپ کی زیارت اور حج قبول کرے اور سب مسلمانوں کو صراط مستقیم پر چلنے کی توفیق نصیب ہو:

آمِیْن یَا رَبَّ الْعَالَمِیْنَ بِحُرْمَةِ سَیِّدِ الْاَنْبِیَآءِ وَالْمُرْسَلِیْنَ صَلَّی اللّٰہُ تَعَالٰی عَلَیْهِ وَآلِہٖ وَسَلَّمَ

احرام

عربی لغت میں احرام کے معنی بے حرمتی نہ کرنا یا اس کے معنی اپنے اوپر کسی چیز کا حرام کر لینا ہے، یعنی احرام کے شرعی معنی یہ ہوئے کہ کچھ چیزیں جو احرام سے پہلے حلال تھیں، مثلاً پہلے سلے ہوئے کپڑے پہننا، خوشبو لگانا، حجامت بنانا وغیرہ جائز تھا، نیت اور تلبیہ کے ساتھ احرام باندھ لینے کے بعد ان چیزوں کو اپنے اوپر لازمی طور سے ممنوع اور حرام کر لینا۔

احرام باندھنے سے پہلے کے چند ضروری کام

احرام باندھنے سے پہلے ہر ایک سے چاہے رشتہ دار ہوں پڑوسی ہوں، کاروباری ہوں، ہم پیشہ ملازم ہوں غرض یہ کہ جس سے بھی کسی قسم کی معاملہ داری ہے، اس سے معافی مانگیں اور جہاں تک ہو سکے تلافی کی کوشش کریں، ہمارا اور آپ کا کام بس معافی مانگنا اور کمی کوتاہی کی حتی الامکان تلافی کی کوشش کرنا

ہے۔

سفر شروع کرنے سے پہلے اپنی نیت کا جائزہ لیجئے اور صرف اللہ تعالیٰ کے حکم کو پورا کرنے اور اس کی رضا کے حصول اور آخرت کے ثواب کو اپنا مقصد بنائیں، اس کے علاوہ کوئی چیز آپ کے اس مبارک سفر کا سبب نہ ہو، اللہ کے یہاں وہی عمل مقبول ہوتا ہے، جو خالص اس کی رضا کیلئے کیا گیا ہو۔

اپنے چھوٹے بڑے گناہوں سے توبہ کرلیں، یاد رکھیں سچی توبہ کی تین شرطیں ہیں:

۱ اگر گناہ کے کام میں مبتلا ہے تو اسے، اسی وقت چھوڑ دے۔

۲ اب تک جو گناہ ہوئے ان پر ندامت ہو۔

۳ اور آئندہ نہ کرنے کا پختہ عزم ہو۔

نوٹ: اگر حقوق العباد میں کمی کی ہے تو توبہ کی چوتھی شرط یہ ہے کہ

اس کی تلافی کی جائے۔

واجباتِ احرام

❶ سلے ہوئے کپڑے اتار دینا یعنی شروع احرام سے آخر تک نہ پہننا۔

❷ میقات سے احرام باندھنا یعنی اس سے مؤخر نہ کرنا، یہ احرام گھر سے چلتے وقت بھی باندھ سکتے ہیں، یاد رہے کہ میقات سے احرام کے ساتھ گزرنا ہر حال میں واجب ہے، اور احرام کے بغیر میقات سے آگے نہیں بڑھ سکتے ہیں۔

❸ ممنوعاتِ احرام سے بچنا۔

احرام کی تیاری

مستحب ہے کہ احرام باندھنے کے لئے غسل سے پہلے اپنے دونوں ہاتھوں پیروں کے ناخن کاٹ لے، بغل اور زیرِ ناف بال صاف کرلے اور صابن وغیرہ سے نہالے، تاکہ اچھی طرح

صفائی حاصل ہو جائے، غسل کرتے وقت یہ نیت کرے کہ یہ غسل احرام باندھنے کیلئے کر رہا ہوں، غسل یا وضو، احرام کے لئے شرط نہیں ہے اور نہ ہی واجباتِ احرام میں سے ہے، لیکن ان کو بغیر کسی عذر کے چھوڑ دینا مکروہ ہے، احرام کا کپڑا سفید ہونا افضل ہے، لیکن رنگین بھی جائز ہے، ایک کپڑا بھی احرام میں کافی ہے، لیکن دو کپڑے سنت ہیں اور دو سے زائد بھی جائز ہیں، لیکن سلے ہوئے نہ ہوں۔

مرد حضرات حجامت، صفائی اور غسل سے فارغ ہو کر کفن کی طرح دو چادریں باندھ لیں، ایک چادر ناف کے اوپر سے نیچے تک باندھیں اور دوسری چادر اوڑھ لیں دونوں بازو ڈھکے رہیں، پھر کنگھا کریں اور جسم پر ایسی خوشبو لگائیں، جس کا دھبہ باقی نہ رہے اور ایسی چپل پہن لیں جس میں پاؤں کی ابھری ہوئی ہڈی (جس پر جوتے کا تسمہ باندھا جاتا ہے) کھلی

فہرست

رہے، خواتین حسب معمول سلے ہوئے کپڑے اور جوتے موزے وغیرہ پہنی رہیں۔

یہ چادریں احرام کی ہیں احرام کی حالت میں مردوں کے لئے سلا ہوا کپڑا پہننا منع ہے اور بغیر احرام کے میقات سے گزرنا منع ہے یہ میقات اللہ کے گھر (بیت اللہ) میں جانے کیلئے پہلی چار دیواری ہے۔ اگر بغیر احرام کی نیت کئے میقات کی حدود سے آگے بڑھ گیا تو دم ادا کرنا ہوگا اور جان بوجھ کر ایسا کرنا حرام ہے۔

گھر سے روانگی

یاد رکھئے احرام چادروں کا نام نہیں بلکہ نیت کا نام ہے، احرام کی نیت کرکے انسان اپنے اوپر چند کاموں کو حرام کر لیتا ہے، جو عام حالات میں اس کے لئے حلال ہیں، جیسے سلا ہوا کپڑا پہننا وغیرہ اور بغیر احرام کے میقات سے گزرنا منع ہے، دو

چادریں جس کو عام طور پر احرام کہا جاتا ہے، یہ احرام کا لباس ہے ،اس لئے احرام کی نیت کرنے سے پہلے دو چادریں باندھ لیں ابھی نیت نہ کریں، سرڈھانپ کر خوب خشوع وخضوع کے ساتھ دو رکعت نفل احرام کے ادا کیجئے اور خوب عاجزی کے ساتھ اللہ سے اپنے لئے ،اپنے عزیز واقارب، سعد عبدالرزاق اور اس کے گھر والوں کے لئے اور پوری امت مسلمہ کیلئے دعا مانگیں اب گھر سے مسنون طریقے سے نکلیں ،گھر سے نکلتے ہوئے دعا پڑھیں۔

بِسْمِ اللّٰہِ تَوَکَّلْتُ عَلَی اللّٰہِ وَلَا حَوْلَ وَلَا قُوَّۃَ اِلَّا بِاللّٰہِ

ائیر پورٹ پہنچ کر جب جہاز کی پرواز یقینی ہوجائے ،تو اب احرام کی نیت کرلیں اور اگر جہاز میں بیٹھنے کے بعد میقات گزرنے سے پہلے نیت کرنا چاہیں تو یہ بھی جائز ہے، البتہ اگر بغیر احرام کی نیت کئے میقات سے گزر گئے، تو دم دینا ہوگا۔

فہرست

نیت

حج یا عمرہ کے احرام کی نیت کرنے سے پہلے مرد اپنے سر کو کھول لیں اور عورتیں احرام کا مخصوص نقاب ڈھانپ لیں، یاد رکھئے......! احرام کی حالت میں بھی عورت کو چہرہ کھلا رکھنے کی اجازت نہیں اور ایسا نقاب اوڑھنے کی بھی اجازت نہیں جو چہرے سے لگا ہوا ہو، اس لئے ایسے نقاب کا انتظام کیجئے، جو چہرے سے بھی نہ لگے اور بے پردگی بھی نہ ہو آج کل بازار میں ایسے نقاب بآسانی دستیاب ہوتے ہیں۔

اب اگر صرف عمرہ کیلئے جا رہے ہیں یا آپ نے حج تمتع کرنا ہے، تو صرف عمرہ کی نیت کیجئے اگر عربی میں یاد ہو تو عربی میں، ورنہ دل ہی دل میں عمرے کی نیت کر لیں عربی میں نیت کے الفاظ یہ ہیں۔

اَللّٰھُمَّ اِنِّیۡ اُرِیۡدُ الۡعُمۡرَۃَ فَیَسِّرۡھَا لِیۡ وَتَقَبَّلۡھَا مِنِّیۡ

''اے اللہ میں آپکی رضا کیلئے عمرہ کا ارادہ کرتا ہوں آپ اسے میرے لئے آسان فرما دیجئے اور میری طرف سے قبول فرما لیں۔''

اور اگر آپ نے حج قران کرنا ہے،تو حج اور عمرے دونوں کی ایک ہی احرام میں نیت کریں اور اگر حج افراد کرنا ہے تو صرف حج کی نیت کریں۔

نیت کرنے کے بعد مرد حضرات باآواز بلند اور خواتین آہستہ آواز میں تلبیہ پڑھیں،تلبیہ کے الفاظ یہ ہیں۔

لَبَّیۡکَ اَللّٰھُمَّ لَبَّیۡکَ لَبَّیۡکَ لَا شَرِیۡکَ لَکَ لَبَّیۡکَ اِنَّ الۡحَمۡدَ وَالنِّعۡمَۃَ لَکَ وَالۡمُلۡکَ لَاشَرِیۡکَ لَکَ

تلبیہ پڑھنے کے بعد درود شریف پڑھیں اور دعا کریں اگر یاد ہو تو یہ دعا پڑھیں۔

فہرست

اَللّٰهُمَّ اِنِّیْٓ اَسْئَلُكَ رِضَاكَ وَالْجَنَّةَ وَاَعُوْذُبِكَ مِنْ غَضَبِكَ وَالنَّارَ

''اے اللہ میں آپ کی رضا اور جنت مانگتا ہوں اور آپ کے غصے اور آگ سے آپ کی پناہ مانگتا ہوں''

نوٹ: خاص طور سے خیال رہے کہ نیت اور تلبیہ کے بغیر احرام مکمل نہیں ہوتا۔

سفر کے دوران تلبیہ کثرت سے پڑھیں، یہ آپ کے لئے سب سے افضل ذکر ہے اٹھتے، بیٹھتے، چلتے، پھرتے، ہر حالت میں دیوانہ وار تلبیہ پڑھتے رہیں، فضول گفتگو، اخبار ورسائل پڑھنے سے بچیں، کوشش کریں کہ موبائل کا استعمال کم از کم ہو اور بند ہی کر دیں تو بہت ہی اچھی بات ہوگی اور اگر جہاز میں نماز کا وقت ہو جائے تو باوضو ہو کر قبلہ کی سمت معلوم کر کے قبلہ رخ ہو کر کھڑے ہو کر نماز ادا کریں کسی کے منع کرنے پر نماز نہ

چھوڑیں۔ یاد رکھئے......! جس طرح آپ کا یہ سفر ایک عبادت کی غرض سے ہے، نماز بھی ایک اہم ترین عبادت ہے، جس کا چھوڑنا کسی حالت میں جائز نہیں۔

نیت اور تلبیہ کے بعد آپ احرام کی پابندیوں میں داخل ہو چکے ہیں، لہٰذا احرام کی ممنوعات سے بچیں۔

یاد رکھئے......! ممنوعات چاہے آپ جان بوجھ کر کریں یا بھول کر، سوتے ہوئے کریں یا جاگتے ہوئے، اپنی خوشی سے کریں یا زبردستی کوئی آپ کو مجبور کردے، ہر حال میں اس کا عوض اور بدلہ (قربانی، صدقہ یا روزہ) ادا کرنا ہوگا ممنوعات کی تفصیل آگے آرہی ہے۔

بیت اللہ پر پہلی نظر

جب بیت اللہ پر پہلی نظر پڑے تو تلبیہ پڑھنا بند کردیں اور تین مرتبہ اَللّٰہُ اَکْبَر اور تین مرتبہ لَا اِلٰہَ اِلَّا اللّٰہ

کہیں، بہتر ہے راستہ سے ہٹ کر کھڑے ہوں تا کہ کسی کو تکلیف نہ پہنچے اور دعا مانگیں اگر یاد ہو تو اس دعا کا پڑھنا مستحب ہے۔

اَللّٰھُمَّ اَنْتَ السَّلَامُ وَمِنْكَ السَّلَامُ فَحَيِّنَا رَبَّنَا بِالسَّلَامِ اَللّٰھُمَّ زِدْ بَيْتَكَ هٰذَا تَعْظِيْمًا وَتَشْرِيْفًا وَّتَكْرِيْمًا وَمُهَابَةً وَّزِدْ مَنْ حَجَّهٗ اَوِ اعْتَمَرَهٗ تَشْرِيْفًا وَّتَكْرِيْمًا وَّتَعْظِيْمًا وَّبِرًّا

"یا اللہ آپ ہی سلام ہیں اور آپ ہی کی طرف سے سلامتی ہے اے ہمارے پروردگار ہمیں سلامتی کے ساتھ زندہ رکھئے، یا اللہ اپنے اس گھر کی تعظیم وتکریم اور شرف وہیبت زیادہ کر دیجئے اور جو اس گھر کا حج کرے یا عمرہ کرے اسکی تعظیم وتکریم اور شرف اور ثواب کو بڑھا دیجئے".

افعال عمرہ

فرائض عمرہ : عمرہ میں دو فرض ہیں۔

❶ احرام۔

❷ طواف۔

واجبات عمرہ: عمرہ کے دو واجب ہیں۔

❶ صفا مروہ کی سعی کرنا۔

❷ حلق (بال منڈوانا) یا قصر (کم از کم ایک چوتھائی کٹوانا)۔

طواف اور اقسام طواف

طواف سے مراد بیت اللہ کے چاروں طرف سات چکر لگانا ہے۔

طواف کی سات قسمیں ہیں:

❶ **طوافِ قدوم:** آفاقی (میقات سے باہر رہنے والا) جب پہلی مرتبہ احرام کی حالت میں آئے اور مسجدِ حرام میں داخل ہو تو جو طواف کرے گا، اسے طوافِ قدوم اور طوافِ تحیۃ کہتے ہیں، یہ

اس آفاقی کے لئے سنّت ہے جو صرف حج افراد یا قران کا احرام باندھ کر مکہ مکرمہ میں داخل ہو، تمتع اور عمرہ کرنے والے آفاقی کے لئے سُنّت نہیں ہے۔

❷ **طوافِ زیارت:** اس کو طوافِ رکن، طوافِ حج، طوافِ فرض اور طوافِ افاضہ بھی کہتے ہیں، یہ حج کا رکن ہے، اس کے بغیر حج پورا نہیں ہوتا، اس کا وقت ۱۰ ذی الحجہ کی صبح صادق سے شروع ہوتا ہے اور ۱۲ ذی الحجہ کے سورج غروب ہونے تک کرنا واجب ہے، تاخیر کرنے سے دم واجب ہوتا ہے۔

❸ **طوافِ وداع:** اِس کو طوافِ صدر بھی کہتے ہیں، یہ آفاقی پر حج سے واپسی کے وقت کرنا واجب ہے، عمرہ سے واپس آنے والوں پر واجب نہیں۔

❹ **طوافِ عُمرہ:** یہ عمرہ میں رکن اور فرض ہے۔

❺ **طوافِ نذر:** یہ نذر ماننے والے پر واجب ہوتا ہے۔

❻ **طوافِ تحیۃ:** یہ مسجدِ حرام میں داخل ہونے والے کے لئے تَحِیَّۃُ الْمَسْجِد ہے، لیکن اگر کسی نے کوئی دوسرا طواف کرلیا تو اس کے قائم مقام ہوجائے گا۔

❼ **طوافِ نفل:** یہ جس وقت چاہے کیا جاسکتا ہے۔

واجبات، محرّمات اور مکروہاتِ طواف

واجباتِ طواف:

❶ طہارت یعنی حدثِ اکبر اور حدثِ اصغر دونوں سے پاک ہونا یعنی حیض ونفاس وجنابت سے پاک ہونا اور بے وضو نہ ہونا۔

❷ سترِ عورت ہونا یعنی جسم کا جو جو حصّہ چھپانا فرض ہے، اس کو چھپانا۔

❸ جو شخص پیدل چلنے پر قادر ہو، اس کو پیدل طواف کرنا۔

❹ داہنی طرف سے طواف شروع کرنا، یعنی حجرِ اسود سے بیت اللہ کے دروازے کی طرف چلنا۔

۵ حطیم کو شامل کر کے طواف کرنا۔

۶ پورا طواف کرنا یعنی طواف کے سات چکر پورے کرنا۔

۷ ہر طواف کے بعد دو رکعت نماز پڑھنا۔

محرماتِ طواف:

یہ چیزیں طواف کرنے والے کے لئے حرام ہیں:

۱ حَدثِ اکبر یعنی جنابت یا حیض و نفاس کی حالت میں طواف کرنا حرام ہے اور حَدثِ اصغر یعنی بے وضو ہونے کی حالت میں طواف کرنا بھی حرام ہے۔

۲ اس قدر سترِ کھلا ہونے کی حالت میں طواف کرنا، جس قدر ستر کھلا ہونے سے نماز نہیں ہوتی یعنی چوتھائی عضو یا اس سے زیادہ۔

۳ بلا عذر سوار ہو کر یا کسی کے کندھے وغیرہ پر چڑھ کر، یا پیٹ یا گھٹنوں کے بَل چل کر یا الٹا ہو کر یا الٹی طرف سے طواف

کرنا۔

۴ طواف کرتے ہوئے حطیم کے بیچ سے گزرنا۔

۵ طواف کا کوئی چکّر یا چکّر کا کچھ حصّہ ترک کر دینا۔

۶ حجر اسود کے علاوہ کسی اور جگہ سے طواف شروع کرنا۔

۷ بیت اللہ شریف کی طرف سینہ کر کے طواف کا کچھ حصّہ بھی ادا کرنا حرام ہے، لیکن جب حجر اسود کے سامنے پہنچے تو استلام کرنے کے لئے حجرِ اسود کی طرف منہ اور سینہ کرنا جائز ہے۔

۸ طواف میں جو چیزیں واجب ہیں ان میں سے کسی کو ترک کرنا۔

مکروہاتِ طواف:

۱ طواف کے دوران فضول، بے ضرورت اور بے فائدہ بات چیت کرنا۔

۲ خرید وفروخت کرنا یا خرید وفروخت سے متعلق گفتگو کرنا۔

❸ ذکر یا دعا بلند آواز سے کرنا۔

❹ ناپاک کپڑوں میں طواف کرنا۔

❺ جس طواف میں رمل اور اضطباع سنّت ہے، اس طواف میں رمل اور اضطباع کو بلا عذر ترک کرنا۔

❻ حجر اسود کا استلام نہ کرنا۔

❼ حجر اسود کے بالمقابل آئے بغیر ہاتھ اٹھانا۔

❽ طواف کے چکروں میں زیادہ فاصلہ کرنا یعنی وقفہ کرنا، یا کسی دوسرے کام میں مشغول ہونا۔

❾ طواف کرتے ہوئے ارکان بیت اللہ پر، یا کسی اور جگہ دعا کے لئے کھڑا ہونا۔

❿ دورانِ طواف کھانا کھانا۔

⓫ دو یا زیادہ طوافوں کو اکٹھا کرنا اور ان کے بیچ میں طواف کی دو رکعت نہ پڑھنا۔

۱۲ خطبہ کے وقت طواف کرنا۔

۱۳ فرض نماز کی تکبیر واقامت ہونے کے وقت طواف شروع کرنا۔

۱۴ دونوں ہاتھ طواف کی نیّت کے وقت تکبیر پڑھے بغیر اٹھانا۔

۱۵ طواف کی حالت میں دعا کے لئے ہاتھ اٹھانا یا نماز کی طرح ہاتھ باندھنا۔

۱۶ پیشاب، پائخانہ کے تقاضے یا ریح کے غلبہ کے وقت طواف کرنا۔

۱۷ بھوک یا غصہ کی حالت میں طواف کرنا۔

۱۸ بلا عذر جوتا پہن کر طواف کرنا۔

۱۹ حجر اسود اور رکنِ یمانی کے علاوہ کسی اور جگہ استلام کرنا۔

طواف شروع کرنے سے پہلے

طواف کیلئے مطاف (طواف کی جگہ) میں آئیں، حجر اسود کی طرف چلیں، حجر اسود کی سیدھ کے قریب پہنچ کر طواف کرنے والوں سے پیچھے ہٹ جائیں اور احرام کی چادر کے ایک سرے کو داہنی بغل سے نکال کر بائیں کندھے پر ڈال دیں اس طرح کے داہنا کندھا کھلا رہے، اسے اضطباع کہتے ہیں۔ اضطباع پورے طواف میں کرنا سنت ہے اگر کوئی اضطباع کرنا بھول جائے تو وہ اس سنت سے محروم رہا اور اس سنت کا کوئی بدل نہیں۔

طواف کی نیت

اب بیت اللہ کی طرف چہرہ کر لیں حجر اسود کی سیدھ کے بائیں طرف کھڑے ہو کر (اس طرح کہ حجر اسود دائیں جانب ہو) عمرہ کے طواف کی نیت کریں۔

فہرست

اے اللہ میں آپ کی رضا کیلئے عمرہ کا طواف کرتا ہوں آپ اسے میرے لئے آسان کر دیجئے اور قبول فرما لیجئے۔ (زبان سے کہنا ضروری نہیں دل میں ارادہ اور نیت کر لینا بھی کافی ہے)

اب حجر اسود کی سیدھ میں کھڑے ہوں اور دونوں ہاتھ کانوں تک تکبیر تحریمہ (نماز کی پہلی تکبیر) کی طرح اٹھائیں اس طرح کہ ہتھیلیوں کا رخ حجر اسود کی طرف ہو اور

بِسْمِ اللّٰهِ اَللّٰهُ اَكْبَرُ وَلِلّٰهِ الْحَمْدُ وَالصَّلٰوةُ وَالسَّلَامُ عَلٰى رَسُوْلِ اللّٰهِ

کہیں پھر دونوں ہاتھ نیچے گرا دیں پھر حجر اسود کو بوسہ دیں، یا ہاتھ یا لکڑی وغیرہ سے حجر اسود کو چھو کر ہاتھ یا لکڑی کو بوسہ دیں، بشرطیکہ حجر اسود پر خوشبو نہ لگی ہوئی ہو اور ایسا کرنے سے کسی کو تکلیف نہ ہوتی ہو، چونکہ آج کل عموماً حجر اسود پر خوشبو لگی

ہوئی ہوتی ہے اس لئے حالت احرام میں بوسہ نہ دے صرف اشارہ کریں، جس کا طریقہ یہ ہے کہ دونوں ہاتھوں کی ہتھیلیوں کا رخ حجر اسود کی طرف کریں گویا ہتھیلیاں حجر اسود پر رکھ رہے ہیں پھر

بِسْمِ اللهِ اَللهُ اَكْبَرُ وَلِلّٰهِ الْحَمْدُ وَالصَّلٰوةُ وَالسَّلَامُ عَلٰى رَسُوْلِ اللهِ

پڑھیں اور ہتھیلیوں کی اندرونی جانب کو چوم لیں۔

طواف

حجر اسود کی سیدھ میں کھڑے ہو کر حجر اسود کا استلام کرنے کے بعد اسی حالت پر کھڑے کھڑے مڑ جائیں کہ قدم اپنی جگہ سے نہ ہٹیں اور طواف کرنا شروع کردیں، عمرے کے طواف اور ہر اس طواف کے پہلے تین چکروں میں مردوں کیلئے رمل کرنا سنت ہے جس کے بعد سعی کرنی ہو، رمل کا مطلب یہ ہے کہ اکڑ کر

کندھے ہلاتے ہوئے تیزی سے چلنا ،جس طرح پہلوان اکھاڑے میں چلتا ہے لیکن اس بات کا ضرور خیال رکھیں کہ آپ کے کسی فعل سے کسی کو تکلیف نہ پہنچے، دوران طواف نگاہ سامنے رکھیں، طواف کے دوران بیت اللہ کو دیکھنا بے ادبی ہے، بیت اللہ کی طرف سینہ اور پشت نہ کریں، دعا کرتے رہیں اور ذکر کرتے رہیں، طواف میں حطیم کو جو درحقیقت کعبہ شریف کا حصہ ہے،ضرور شامل کریں ورنہ طواف ادھورا رہ جائے گا۔

ایک بات قابل توجہ ہے، وہ یہ کہ طواف کے وقت ہجوم میں جبکہ اپنے آپ کو سنبھالنا مشکل ہوتا ہے، مسلسل کتاب یا قرآن شریف کو ہاتھ میں رکھنا اور نگاہ کتاب پر جما کر، طواف کی دعائیں پڑھنا، فرض کے برابر سمجھا جاتا ہے، خواہ کسی سے ٹکراتے جائیں، ٹھوکریں کھاتے جائیں اور چاہے کتاب وغیرہ گر کر قدموں میں کچل جائے (اور ایسا عموماً ہوتا ہے) اور اسی کو عبادت

فہرست

سمجھا جائے، یاد رکھئے جو دعائیں عام طور پر طواف کے دوران پڑھی جاتی ہیں، ان میں سے کوئی خاص دعا حضور صلی اللہ علیہ وسلم سے منقول نہیں، اس لئے جو دعا یاد ہو اس کے ذریعے اللہ سے مانگے، یاذکر کرے، البتہ رکن یمانی (بیت اللہ کا وہ کونا جو حجر اسود سے پہلے ہے) سے حجر اسود کے درمیان یہ دعا پڑھنا ثابت ہے۔

رَبَّنَا اٰتِنَا فِی الدُّنْیَا حَسَنَةً وَّ فِی الْاٰخِرَةِ حَسَنَةً وَّقِنَا عَذَابَ النَّارِ

پھر حجر اسود کی سیدھ میں پہنچیں اور حجر اسود کا استلام کریں، اس طرح طواف کا ایک چکر پورا ہوا، اسی طرح سات چکر پورے کریں، ہر چکر کے بعد جب حجر اسود کی سیدھ میں پہنچیں تو استلام کریں، تین چکروں کے بعد مرد رمل کرنا چھوڑ دیں اور عام انداز میں چلیں، سات چکر پورے ہونے کے بعد

فہرست

آٹھویں مرتبہ حجر اسود کا استلام کریں، آپ کا طواف پورا ہو گیا اب کندھے ڈھک لیں۔

نوٹ: یہ بات یاد رہے کہ طواف کے لئے باوضو رہنا شرط ہے بغیر وضو کے طواف نہیں ہوتا۔

ملتزم پر دعا

آٹھویں مرتبہ حجر اسود کا استلام کر کے اب ملتزم پر آیئے اور یہاں آ کر دونوں ہاتھ اوپر کر کے سینہ اور رخسار دیوار سے لگائیں اور خوب دعا کریں یہاں دعا قبول ہوتی ہے، لیکن ایک بات کا خیال رکھئے کہ چونکہ ملتزم پر خوشبو لگی ہوئی ہوتی ہے، اس لئے احرام کی حالت میں ملتزم سے نہ چمٹیں بلکہ صرف وہاں کھڑے ہو کر دعا مانگ لیں۔

ایک ضروری وضاحت:

عام طور پر لوگ کعبہ شریف کے دروازے کو ملتزم سمجھتے ہیں اور اسی

سے چمٹے رہتے ہیں، جبکہ ملتزم پر جگہ خالی ہوتی ہے، درحقیقت ملتزم حجر اسود اور کعبہ شریف کے دروازے کی درمیانی دیوار کا نام ہے۔

طواف کی دو رکعت

اب مقام ابراہیم پر آئیے اور مقام ابراہیم کے پیچھے دو رکعت نماز واجب الطواف ادا کیجئے اگر وہاں جگہ نہ ملے تو مسجد حرام میں کہیں بھی یہ دو رکعت ادا کی جاسکتی ہیں، مقام ابراہیمؑ کے پیچھے ہی ان دو رکعت کی ادائیگی کو ضروری سمجھنا اور اس وجہ سے لوگوں کی تکلیف کا سبب بننا، انتہائی ناپسندیدہ عمل ہے اور اس بات کا ضرور خیال رکھیں کہ یہ وقت وقت مکروہ نہ ہو اگر مکروہ وقت میں یہ دو رکعت پڑھ لیں تو گناہ بھی ہوگا اور دوبارہ پڑھنا بھی واجب ہوگا اس لئے مکروہ وقت گزرنے کا انتظار کریں

مسئلہ: اگر نماز فجر یا نماز عصر کے بعد طواف کیا تو دو رکعت ابھی نہ

پڑھیں، اگر چاہیں تو عمرہ کے باقی افعال ادا کر کے احرام سے حلال ہو جائیں اور پھر جب وقت مکروہ ختم ہو جائے تو یہ دو رکعت ادا کر لیں۔

نوٹ: واضح رہے کہ دو رکعت کا پڑھنا ہر طواف کے بعد واجب ہے، چاہے طواف نفل ہی کیوں نہ ہو۔

آبِ زم زم

طواف کی نماز سے فارغ ہو کر زم زم کے کنوئیں پر جانا اور آبِ زم زم پینا مستحب ہے لیکن چونکہ اب زم زم کا کنواں بند کر دیا گیا ہے اور پورے حرم شریف میں کولر رکھ دیئے گئے ہیں وہاں آیئے اور قبلہ رخ کھڑے ہو کر یا بیٹھ کر خوب آبِ زم زم پئیں، شروع میں بِسْمِ اللّٰہِ اور آخر میں اَلْحَمْدُ لِلّٰہِ پڑھیں اور یہ دعا مانگیں،

اَللّٰھُمَّ اِنِّیْ اَسْئَلُكَ عِلْمًا نَّافِعًا وَّ رِزْقًا وَّاسِعًا وَّشِفَاءً مِّنْ کُلِّ دَاءٍ

''اے اللہ میں آپ سے علم نافع اور رزق واسع اور ہر بیماری سے شفاء کامل کا سوال کرتا ہوں۔''

یاد رکھئے......! زم زم کا پانی جس نیت سے پئیں گے وہ پوری کی جائے گی اور زم زم پیتے ہوئے دعائیں قبول کی جاتی ہیں۔

اب سعی کیلئے صفا پر جانے سے پہلے حجر اسود کی سیدھ میں آنا اور حجر اسود کا نواں استلام کرنا مستحب ہے لیکن اگر بھیڑ کی وجہ سے ممکن نہ ہو تو ایسا کرنا ضروری نہیں، پھر سعی کیلئے صفا کی جانب جائیں، باب الصفا سے جانا مستحب ہے، صفا پر اتنا چڑھیں کہ بیت اللہ نظر آنے لگے، پھر سعی کی نیت کریں۔

سعی اور احکامِ سعی

سعی کے لفظی معنی چلنے اور دوڑنے کے ہیں اور شرعاً صفا اور مروہ کے درمیان مخصوص طریقہ پر سات ۷ چکر لگانے کو سعی کہتے ہیں۔

واجباتِ سعی

1. سعی کا ایسے طواف کے بعد ہونا جو جنابت وحیض ونفاس (حدثِ اکبر) سے پاک ہو۔

2. سعی کے سات ۷ چکر پورے کرنا (سعی کے پہلے چار چکر فرض ہیں اور بعد کے تین چکر واجب ہیں)۔

3. اگر کوئی عذر نہ ہو تو سعی میں پیدل چلنا۔

4. عمرہ کی سعی کا احرام کی حالت میں ہونا۔

5. صفا اور مروہ کے درمیان کا پورا فاصلہ طے کرنا۔

6. ترتیب یعنی صفا سے شروع اور مروہ پر ختم کرنا۔

مکروہاتِ سعی

❶ سعی کرتے وقت اس طرح خرید وفروخت یا بات چیت کرنا، جس سے توجہ ہٹ جائے یا اذکار اور دعائیں پڑھنے سے مانع ہو یا تسلسل ترک ہو جائے۔

❷ صفا اور مروہ کے اوپر نہ چڑھنا۔

❸ سعی میں بلا عذر تاخیر کرنا۔

❹ سترِ عورت ترک کرنا یعنی جسم کا جو جو حصہ چھپانا فرض ہے اس کو نہ چھپانا۔

❺ سعی میں میلین کے درمیان تیزی سے نہ چلنا اور میلین کے علاوہ باقی جگہ تیزی سے چلنا۔

❻ سعی کے پھیروں میں بلا عذر زیادہ فاصلہ کرنا، کیونکہ یہ موالات (پے در پے) ہونے کے خلاف ہے۔ اور موالات سنت ہے۔

نوٹ: طواف اور سعی میں موالات (اتصال، پے درپے) ہونا یعنی طواف سے فارغ ہوکر فوراً ہی سعی کے لئے نکلنا، سنت ہے۔

سعی

سعی کیلئے صفا کی جانب جائیں، باب الصفا سے جانا مستحب ہے صفا پر اتنا چڑھیں کہ بیت اللہ نظر آنے لگے، پھر سعی کی نیت کریں۔

اے اللہ ......! میں آپ کی رضا کیلئے صفا مروہ کے درمیان سعی (سات چکر) کرتا ہوں آپ اسے میرے لئے آسان کردیں اور میری طرف سے قبول فرمالیجئے، پھر قبلہ رخ ہو کر تین مرتبہ اَللّٰہُ اَکْبَرُ کہیں اور تین مرتبہ لَااِلٰہَ اِلَّا اللّٰہ اور تین مرتبہ اگر یاد ہو تو اس طرح دعا مانگیں۔

لَااِلٰهَ اِلَّا اللّٰه وَحْدَهٗ لَاشَرِيْكَ لَهٗ لَهُ الْمُلْكُ وَلَهُ الْحَمْدُ يُحْيِي وَيُمِيْتُ وَهُوَ عَلٰى كُلِّ شَيْءٍ قَدِيْرٌ

فہرست

لَآ اِلٰہَ اِلَّا اللّٰہُ وَحْدَہٗ اَنْجَزَ وَعْدَہٗ وَنَصَرَ عَبْدَہٗ

وَھَزَمَ الْاَحْزَابَ وَحْدَہٗ

''اللہ کے سوا کوئی معبود نہیں وہ تنہا ہے اس کا کوئی شریک نہیں، اسی کیلئے ملک ہے اور اسی کیلئے حمد ہے، وہ زندہ کرتا ہے اور موت دیتا ہے اور وہ ہر چیز پر قادر ہے، اللہ کے سوا کوئی معبود نہیں، وہ تنہا ہے، اس نے اپنا وعدہ پورا فرمایا اور اپنے بندے کی مدد فرمائی اور صرف تنہا اسی نے دشمنوں کی جماعت کو شکست دی۔''

اس کے بعد درود شریف پڑھیں اور دعا کریں، پھر ذکر کرتے ہوئے مروہ کی طرف چلیں، جب سبز ستون نظر آئیں تو چند قدم پہلے ہی مرد، درمیانی رفتار سے دوڑیں اور جب سبز ستون گزر جائیں تو پھر دوڑنا موقوف کر دیں اور حسب معمول چلیں البتہ خواتین ان ستونوں کے درمیان نہ دوڑیں بلکہ حسب معمول

چلتی رہیں ان ستونوں کو میلین اخضرین کہتے ہیں ان کے درمیان اگر یاد ہو تو یہ دعا پڑھیں

$$رَبِّ اغْفِرْ وَارْحَمْ وَتَجَاوَزْ عَمَّا تَعْلَمُ$$
$$اِنَّكَ اَنْتَ الْاَعَزُّ الْاَكْرَمُ$$

پھر جب مروہ پہنچیں تو قبلہ رخ ہو کر اَللّٰہُ اَکْبَرُ کہیں اور دعا مانگیں، جس طرح صفا پر مانگی تھی، صفا سے مروہ تک یہ ایک چکر ہو گیا پھر مروہ سے صفا کی طرف چلیں درمیان میں وہی اعمال کریں جو صفا سے مروہ تک کئے تھے، جب صفا پر پہنچیں، تو دوسرا چکر ہو گیا، اسی طرح سات چکر مکمل کریں، ساتواں چکر مروہ پر پورا ہوگا۔

حلق یا قصر

سعی سے فارغ ہو کر مروہ پر آپ کو چند لوگ نظر آئیں گے جن کے ہاتھ میں چھوٹی سی قینچی ہوگی، وہ ایک انگل کے برابر

بال کاٹ دیں گے۔

خبردار......! آپ ایسا ہرگز نہ کیجئے اس سے احرام نہیں کھلے گا، مرد حضرات تمام سر کے بال منڈوائیں یا انگلی کے ایک پورے کے برابر سارے بال کتروائیں منڈوانا افضل ہے، حلق یا قصر کی کم از کم مقدار چوتھائی سر ہے، جو واجب ہے۔

خواتین کیلئے سر کے سارے بالوں کو انگلی کے ایک پورے کے برابر کتروانا سنت ہے اور کم از کم چوتھائی بالوں کو ایک پورے کے برابر کتروانا واجب ہے۔

اپنے سر اور پیشانی کے بالوں کو اپنے آقا کے سپرد کر دیں جیسے غلاموں اور کنیزوں کے بال غلامی کے ثبوت میں کاٹ دیئے جاتے ہیں کہ ''اے میرے مولیٰ......! یہ لیجئے میرے پیشانی کے بالوں کو پکڑ کر مجھے اپنا بنا لیجئے اور مجھے توفیق بندگی عطا فرما دیجئے۔''

فہرست

حلق یا قصر کروانے کے بعد اب آپ احرام سے حلال ہو چکے ہیں، احرام کی پابندیاں ختم ہو چکی ہیں، اب آپ غسل کیجئے، خوشبو لگایئے، عمدہ لباس زیب تن کیجئے۔

مسئلہ: اگر حج یا عمرے کے تمام افعال سوائے حلق کے ادا کر لئے ہیں تو حاجی یا عمرہ کرنے والا خود اپنا بھی حلق کر سکتا ہے اور دوسروں کا بھی، اور اگر افعال پورے نہیں ہوئے تو نہ اپنے بال کاٹ سکتا ہے نہ ہی دوسروں کے۔

عمرہ کے بعد مکہ مکرمہ میں دوران قیام کئے جانے والے اعمال

مبارک ہو کہ آپ کا عمرہ بحسن وخوبی مکمل ہو چکا ہے، اب آپ کا قیام مکہ مکرمہ میں ہے، ان اوقات کو غنیمت سمجھئے اور خوب عبادات، طواف، ذکر واذکار اور دین سیکھنے اور سکھانے میں اپنے اوقات کو صرف کیجئے، طواف کرنا سب سے افضل ہے، خوب

طواف کیجئے اور اس کا ثواب اپنے عزیز واقارب چاہے زندہ ہوں یا انتقال ہو چکا ہو پہنچائیں، ہم سب پر سب سے زیادہ حقوق حضور صلی اللہ علیہ وسلم کے ہیں، آپ صلی اللہ علیہ وسلم کی طرف سے بھی طواف کیجئے۔

اگر دوبارہ عمرہ کرنا چاہیں، تو تنعیم (مسجد عائشہ) یا جعرانہ جا کر احرام باندھیں اور افعال عمرہ کو اسی ترتیب سے ادا کریں جو بیان کی گئی، لیکن صرف طواف کرتے رہنا افضل ہے، بازار جانے اور لغویات میں لگنے سے اپنے آپ کو بچایئے۔

حرمین شریفین سے متعلق چند ضروری مسائل

مسئلہ: اگر جماعت کی نماز میں عورت مرد کے دائیں بائیں یا آگے کھڑی ہو جائے تو مرد کی نماز فاسد ہو جاتی ہے، اس لئے حرم شریف میں نماز شروع کرتے ہوئے احتیاط کریں کہ آس پاس کوئی عورت نہ ہو اور باوجود احتیاط کے، اگر دوران نماز کوئی

عورت قریب آکر کھڑی ہو جائے، تو مرد کو چاہئے کہ ایک یا دو قدم آگے بڑھ جائے، ان شاء اللہ نماز فاسد نہ ہو گی۔

مسئلہ: حنفی فقہ کے مطابق عصر کی نماز کے بعد نفل نماز مکروہ ہے، لہٰذا حرمین شریفین میں عصر کے بعد طواف، ذکر و دعا، درود شریف میں مشغول رہیں۔

مسئلہ: فجر کی سنتوں کا وقت فجر کے فرائض سے پہلے ہے، اگر خدانخواستہ کسی کی فجر کی سنتیں چھوٹ جائیں، تو پھر انہیں فرائض کے فوراً بعد ادا نہ کریں، بلکہ سورج طلوع ہو جانے کے بعد جب اشراق کا وقت شروع ہو جائے، اس وقت ادا کریں۔

مسئلہ: حرمین شریفین کے بعض مقامات پر سلفی علماء کے بیانات ہوتے ہیں اور وہ حضرات اپنے مسلک کے مطابق مسائل بیان کرتے ہیں، جو اکثر حنفی مسلک سے مطابقت نہیں رکھتے، اس لئے ان علماء کے بیانات سننے کی بجائے حنفی علماء سے استفادہ کیا

جائے۔

مسئلہ: عام حالات میں عورتوں کیلئے نماز جنازہ نہیں ہے، لیکن حرمین شریفین میں حاضری کے موقعہ پر اگر نماز جنازہ شروع ہوجائے، تو عورتیں شریک ہوسکتی ہیں، اس لئے عورتیں نماز جنازہ کا طریقہ اچھی طرح سمجھ لیں۔

مسئلہ: بیت اللہ شریف کی طرف پاؤں کرنا، اس کی طرف تھوکنا قرآن شریف پر ٹیک لگانا، اسے زمین پر رکھنا، اس کا تکیہ بنانا بڑی بے ادبی اور گناہ کی بات ہے، ان سب باتوں سے بچنا ضروری ہے۔

مسئلہ: حنفی فقہ میں دوران نماز آمین آہستہ آواز میں کہی جاتی ہے، حرمین شریفین میں چونکہ تمام مسالک کے لوگ موجود ہوتے ہیں، جن میں سے بعض بلند آواز سے آمین کہتے ہیں، ان کی دیکھا دیکھی میں بلند آواز سے آمین کہنے کی بجائے آمین آہستہ آواز ہی

سے کہیں۔

مسئلہ: حنفی فقہ میں سورج غروب ہونے کے بعد مغرب کی نماز شروع ہونے سے پہلے کوئی نفل نماز نہیں ہے۔

مسئلہ: عورتوں کیلئے حرمین شریفین جا کر مسجد میں نماز پڑھنا بھی جائز ہے، لیکن افضل یہی ہے کہ عورتیں گھر میں نماز پڑھیں۔

مسئلہ: مکہ مکرمہ اور مدینہ منورہ کے بازاروں میں، جو گوشت فروخت ہوتا ہے:

۱ اگر وہ تازہ ہے، اور وہیں ذبح کیا گیا ہے، تو اس کا استعمال جائز ہے۔

۲ یا وہ تازہ تو نہیں، لیکن کسی اسلامی ملک سے درآمد کیا گیا ہے تو اس کا استعمال بھی جائز ہے۔

۳ یا اس کے جائز ہونے کی تصدیق کسی مستند مسلمان جماعت نے کر دی ہے تو ایسے گوشت کا استعمال بھی جائز ہے اور

اگر کسی گوشت کے بارے میں یہ سب معلومات نہیں تو اس کا استعمال بھی جائز نہیں۔

مسائل احرام

مسئلہ: احرام کی حالت میں اگر احتلام ہو جائے تو اس سے احرام میں کوئی فرق نہیں پڑتا، کپڑے اور جسم میں جہاں ناپاکی لگی ہے اسے دھو کر غسل کرلیں، اگر چادر بدلنے کی ضرورت ہو تو دوسری چادر استعمال کرلیں، لیکن اس بات کا خیال رکھیں کہ خوشبودار صابن استعمال نہ کریں۔

مسئلہ: احرام کی حالت میں اگر جوتا یا سلیپر اتنا بڑا ہے کہ قدم کی بیچ کی اُٹھی ہوئی ہڈی کو ڈھانپ لیتا ہے تو اس کا پہننا ناجائز ہے، اس کو اتنا کاٹ دیں کہ بیچ کی ہڈی کھلی رہ جائے، اسی لئے عام طور پر دو پٹی والی سلیپر (ہوائی چپل) پہنتے ہیں، خیال رہے کہ ایسا جوتا پہننا جو بیچ قدم کی اُبھری ہوئی ہڈی کو ڈھانپ لے تو پورے

ایک دن یا ایک رات پہننے سے دم واجب ہو جائے گا، اس سے کم عرصہ میں صدقہ یعنی پونے دو کلو گیہوں اور اگر ایک گھنٹہ سے کم پہنا ہو تو ایک مٹھی گندم صدقہ دے۔

مسئلہ: احرام کی حالت میں مرد کو موزہ پہننا، دستانہ پہننا، سر اور منہ پر پٹی باندھنا منع ہے۔

مسئلہ: احرام کی حالت میں مرد، عورت دونوں کو اپنے چہرے کو اس طرح ڈھانکنا منع ہے کہ کپڑا چہرے کو مس کرے، نہ تمام چہرے کو ڈھانکے نہ اس کے بعض حصہ کو۔

مسئلہ: احرام کی حالت میں مرد کے لئے سر کا ڈھانکنا منع ہے، خواہ پورے سر کو ڈھانکے یا اس کے کچھ حصہ کو۔

مسئلہ: احرام کی حالت میں کپڑے وغیرہ سے منہ پونچھنا جائز نہیں ہے۔ کیونکہ اس سے چہرے کو کپڑا لگتا ہے، ایسی صورت میں چہرے پر کپڑا، گھنٹہ بھر سے کم لگا تو ایک مٹھی گیہوں یا اس کی

قیمت کی رقم خیرات کرنا واجب ہے، ہاں ہاتھ سے چہرہ پونچھنا جائز ہے۔

مسئلہ: مرد کو سر اور چہرہ کے علاوہ اور عورت کو صرف چہرے کہ علاوہ جسم کے باقی حصہ کو کپڑے سے پونچھنا جائز ہے۔

مسئلہ: احرام کی حالت میں اپنے سر یا بدن اور کپڑوں سے جوں مارنا یا جدا کرکے پھینک دینا منع ہے، لیکن موذی جانور کا مارنا مثلاً: سانپ، بچھو، کھٹمل، بھڑ وغیرہ مارنا جائز ہے۔

مسئلہ: احرام کی حالت میں خوشبو استعمال کرنا، سر یا داڑھی میں مہندی لگانا، ناخن کاٹنا، بدن کے کسی حصہ سے بال دور کرنا منع ہے۔

مسئلہ: احرام کی حالت میں جماع یعنی ہمبستری کا ذکر عورتوں کے سامنے کرنا، جماع کے اسباب، جیسے بوسہ لینا یا شہوت سے چھونا منع ہے۔

فہرست

مسئلہ: یوں تو کوئی بھی گناہ بغیر احرام کے بھی جائز نہیں، لیکن احرام کی حالت میں کوئی گناہ کا کام کرنا خاص طور سے منع ہے، ساتھیوں کے ساتھ یا دوسرے لوگوں کے ساتھ لڑائی جھگڑا کرنا بھی منع ہے۔

مسئلہ: احرام کی چادروں کو گرہ لگانا یا پن یا تنکے وغیرہ سے چادروں کے سروں کو جوڑنا ناپسندیدہ ہے، لیکن ستر عورت کی وجہ سے ایسا کرنا جائز ہے اور اس پر کوئی جزا واجب نہیں ہوگی۔

مسئلہ: احرام کی حالت میں پیٹی (بیلٹ) باندھنا جائز ہے۔

مسئلہ: احرام کی حالت میں کمبل، لحاف، رضائی وغیرہ اوڑھنا جائز ہے، لیکن خیال رہے کہ سر اور منہ نہ ڈھکا جائے، باقی تمام بدن اور پیروں کو بھی ڈھانکنا جائز ہے۔

مسئلہ: احرام کی حالت میں اپنا یا کسی دوسرے کا ہاتھ کپڑے کے بغیر اپنے سر یا ناک پر رکھنا اپنے سر پر دیگ، چارپائی وغیرہ اٹھانا

جائز ہے۔

مسئلہ: احرام کی حالت میں اوندھا لیٹ کر تکیہ پر منہ یا پیشانی رکھنا مکروہ ہے، سر یا رُخسار کو تکیہ پر رکھنا جائز ہے۔

مسئلہ: احرام کی حالت میں سر یا داڑھی میں کنگھی کرنا، یا سر یا داڑھی کو اس طرح کھجانا کہ بال گرنے کا خوف ہو، مکروہ ہے۔

مسئلہ: احرام کی حالت میں بدن سے میل کچیل دُور کرنا اور بکھرے ہوئے بالوں کو سنوارنا مکروہ ہے۔

مسئلہ: احرام کی حالت میں آئینہ دیکھنا جائز ہے۔

مسئلہ: احرام کی حالت میں دانت اکھڑوانا جائز ہے۔

مسئلہ: احرام کی حالت میں بھی مسواک کرنا سنت ہے، خوشبودار منجن، ٹوتھ پیسٹ، ٹوتھ پاؤڈر کا استعمال کرنا منع ہے۔

مسئلہ: احرام کی حالت میں گلے میں پھولوں کا ہار ڈالنا مکروہ ہے، خوشبودار پھل یا پھول جان بوجھ کر سونگھنا بھی منع ہے۔

فہرست

مسئلہ: احرام کی حالت میں خوشبودار صابن کے ایک بار استعمال سے صدقہ اور بار بار استعمال سے دم واجب ہو جاتا ہے۔

مسئلہ: احرام کی حالت میں غلاف کعبہ کے نیچے اس طرح داخل ہونا کہ تمام سر یا چہرہ یا اس کا کچھ حصہ غلاف سے چھپ جائے، مکروہ ہے، لیکن اگر کعبہ کے پردہ کے نیچے داخل ہو جائے، حتیٰ کہ پردہ اس کو ڈھانپ لے، لیکن کعبہ کا پردہ اس کے سر اور چہرے کو نہ لگے تو مضائقہ نہیں ہے۔

مسئلہ: احرام کی نیت سے پہلے دو رکعت نفل نہ پڑھنا مکروہ ہے، لیکن اگر کسی نے نفل نہیں پڑھے، تو کوئی جنایت لازم نہیں آئے گی۔

مسئلہ: مستحب ہے کہ نیت احرام سے پہلے بدن کو خوشبو لگائے، لیکن ایسی خوشبو نہ لگائے، جس کا جسم (نشان) احرام کے بعد بھی باقی رہے۔

فہرست

مسئلہ: بعض ہوائی جہاز والے ہاتھ منہ پونچھ کر تروتازہ ہونے کے لئے خوشبودار ٹشو پیپر (رومال) دیتے ہیں اور لوگ لاعلمی میں اس سے ہاتھ منہ پونچھ لیتے ہیں، خیال رہے کہ احرام کی حالت میں اس طرح کے خوشبو دار کپڑے سے پورا منہ یا پورا ہاتھ پونچا جائے تو دم لازم ہو جائے گا۔

مسئلہ: احرام باندھنے کے موقع پر احرام کی نیت کرنے سے پہلے احرام کی چادر باندھ لے، دونوں شانوں کو ڈھکا رکھے اور اس کے بعد مکروہ وقت نہ ہو تو سر ڈھانک کر دو رکعت نماز احرام کی نیت سے پڑھے، احرام کی نیت سے پہلے دو رکعت نماز ادا کرنا احرام کی سنت ہے۔ پہلی رکعت میں سورۃ الفاتحۃ کے بعد سورۃ الکافرون اور دوسری رکعت میں سورۃ الاخلاص پڑھنا مستحب ہے۔

مسئلہ: احرام کی چادروں کے اگر دھاگے نکلنے کا اندیشہ ہو تو اس

کے کناروں پر پیکو کروا سکتے ہیں۔

مسئلہ: احرام کی چادروں میں حفاظت کی نیت سے جیب لگوانا جائز ہے۔

مسئلہ: احرام کی حالت میں زخم یا تکلیف کی وجہ سے بے سلی پٹی باندھنا جائز ہے۔

مسئلہ: احرام کی حالت میں عذر کی وجہ سے بے سلی لنگوٹ باندھنا جائز ہے۔

جنایات

جنایات سے مراد ہر ایسا کام جو احرام یا حرم کی وجہ سے منع ہو اس کا ارتکاب کرنا چاہے جان بوجھ کر کرے یا بھول کر۔

جنایات دو ۲ قسم کی ہیں:

(الف) احرام کی جنایات، یعنی وہ چیزیں جن کا احرام میں کرنا منع ہے، اور یہ آٹھ ہیں:

آئیں حج کریں ۹۳

❶ خوشبو استعمال کرنا۔

❷ مرد کا سِلا ہوا کپڑا پہننا۔

❸ مرد کو سر اور چہرہ، اور عورت کو چہرہ ڈھانکنا۔

❹ بال دُور کرنا یا بدن سے جُوں مارنا یا جُدا کرنا۔

❺ ناخن کاٹنا۔

❻ جماع (ہم بستری) کرنا۔

❼ واجبات میں سے کسی واجب کو ترک کرنا۔

❽ خشکی کے جانور کا شکار کرنا۔

(ب) حرم کی جنایات یعنی جن امور کا حدودِ حرم میں کرنا منع ہے، چاہے وہ احرام کی حالت میں ہو یا نہ ہو مثلاً:

❶ حرم کے جانور کو چھیڑنا یعنی شکار کرنا اور تکلیف پہنچانا۔

❷ حرم کا درخت اور گھاس کاٹنا۔

نوٹ: جنایت کے ارتکاب سے صدقہ یا دم یعنی پوری بکری، بھیڑ

یا، اونٹ / گائے کا ساتواں حصّہ یا، بدنہ یعنی پوری گائے یا پورا اونٹ ذبح کرنا ہوتا ہے۔ تفصیل کے لئے بوقتِ ضرورت کسی مستند عالم سے رجوع کریں۔

نوٹ: اس وقت چند ضروری باتیں یاد رکھیں:

❶ اگر نوچنے، کھجانے وغیرہ سے داڑھی یا سر کے بال تین تک گریں تو ہر بال کے بدلہ میں ایک مٹھی گیہوں صدقہ کریں۔ تین سے زائد بال پر پونے دو کیلو گیہوں صدقہ کرنا ہوگا۔

❷ اگر عبادت والے عمل، مثلاً وضو کرتے ہوئے داڑھی کے تین بال گریں تو ایک مٹھی گیہوں کا صدقہ ہے اور اگر تین سے زائد گریں تو پونے دو کیلو گیہوں صدقہ۔

❸ سینہ، پنڈلی وغیرہ کے بال جواز خود گریں، ان پر کچھ صدقہ نہیں ہے۔

❹ کسی مرد نے احرام کی حالت میں سِلا ہوا کپڑا پہنا تو اگر

ایک گھنٹہ یا اس سے کم پہنا تو ایک مٹھی گیہوں صدقہ دینا ہوگا اور اگر نصف دن یا نصف رات کے برابر یا زیادہ پہنا تو دَم واجب ہوگا۔

❺ دَم کا حدودِ حرم میں دینا لازم ہے، حرم کی حدود سے باہر جائز نہیں ہے۔

❻ صدقہ یا قیمتِ صدقہ کہیں بھی دیا جاسکتا ہے۔

❼ جنایت سے واجب ہونے والے دَم کا گوشت خود کھانا جائز نہیں ہے۔

نوٹ: یاد رکھئے مال داری کے گھمنڈ میں جان بوجھ کر جنایت کرنا، اور یہ کہنا کہ ہم دم دے دیں گے یہ بڑی ناشکری اور سخت گناہ کی بات ہے اور اس سے اندیشہ ہے کہ عبادت قبول نہ ہو اگر کسی نے ایسا کرلیا ہے، تو توبہ کرے اور دم بھی دے۔

مسائل طواف

مسئلہ: پورے طواف کے درمیان باوضو رہنا ضروری ہے، لہٰذا طواف شروع کرنے سے پہلے وضو کرلے اور پورے طواف تک باوضو رہے، اگر طواف کے پہلے چار چکروں میں وضو ٹوٹ جائے، تو وضو کرکے طواف نئے سرے سے شروع کرے، اگر چار چکروں کے بعد وضو ٹوٹے، تو وضو کے بعد اختیار ہے کہ طواف نئے سرے سے شروع کرے یا جہاں سے چھوڑا تھا وہاں سے طواف پورا کرے۔

مسئلہ: طواف کیلئے نیت شرط ہے، بلا نیت اگر کوئی شخص بیت اللہ کے چاروں طرف سات چکر لگائے، تو طواف نہ ہوگا اور دل میں طواف کا ارادہ ہونا نیت کے لئے کافی ہے، زبانی نیت ضروری نہیں۔

مسئلہ: عمرہ کرنے والے کا تلبیہ پڑھنا بیت اللہ پر نظر پڑتے ہی

ختم ہو جاتا ہے، اس لئے اب تلبیہ نہ پڑھے۔

مسئلہ: حجر اسود کا استلام کرے تو ایک بات اچھی طرح یاد رکھے کہ استلام کرتے وقت لوگوں کے دھکوں کی وجہ سے اپنی جگہ سے آگے پیچھے ہو جانے کا خوف ہوتا ہے، اس وقت چونکہ چہرہ اور سینہ بیت اللہ شریف کی طرف ہوتا ہے، لہٰذا اس کا خیال رہے کہ سینہ بیت اللہ شریف کی طرف ہونے کی صورت میں بیت اللہ شریف کے دروازے کی طرف نہ بڑھے، ورنہ ایسی حالت میں یہ سمجھا جائے گا، کہ طواف کی اتنی مقدار، بیت اللہ شریف کی طرف سینہ اور چہرہ کر کے کی گئی ہے، اگر ایسا ہو جائے تو پچھلے پاؤں لوٹے، کہ بایاں کندھا بیت اللہ شریف ہی کی طرف رہے اور اتنے حصّہ کو دوبارہ کرے، ہجوم میں چونکہ اس طرح کرنا مشکل ہوتا ہے، اس لئے ایسی حالت میں طواف کے اس خاص چکّر کو دوبارہ کرے، ورنہ جزا لازم ہو جائے گی، اسی لئے یہ مشورہ دیا

جاتا ہے کہ ہجوم کے وقت حجرِ اسود کو بوسہ نہ دے بلکہ دور ہی سے اشارہ سے استلام کرے۔

مسئلہ: استلام کے بعد اپنی جگہ پر کھڑے کھڑے اور پاؤں اپنی جگہ پر جمائے ہوئے، طواف کی حالت میں آجائے، یعنی فوجی طریقہ سے داہنی طرف مڑ جائے، بیت اللہ کے دروازہ کی طرف اس طرح چلے کہ بایاں کندھا بیت اللہ کی طرف رہے اور اس طرح طواف شروع کرے۔

مسئلہ: اگر کسی شخص نے حالت احرام میں حجرِ اسود کو بوسہ دیا اور اس کے منہ اور ہاتھ کو بہت سی خوشبو لگ گئی تو دم واجب ہوگا اور اگر تھوڑی لگی تو صدقہ یعنی پونے دو کلو گیہوں خیرات کرنا واجب ہوگا، اس لئے احرام کی حالت میں حجر اسود کو نہ ہاتھ لگائے اور نہ بوسہ دے، ہاتھوں سے اشارہ کر کے ہاتھوں کا بوسہ لے۔

مسئلہ: حطیم کو شامل کر کے طواف کرنا واجباتِ طواف میں سے

ہے اور طواف کے دوران حطیم کے بیچ سے گزرنا ناجائز ہے۔ اگر ایسا کرلیا تو اس خاص چکّر کو دوبارہ ادا کرنا لازم ہے ورنہ جزا لازم ہوگی۔

نوٹ: طواف کے سات چکروں کے درمیان وقفہ کرنا یا کسی اور کام میں مشغول ہو جانا مکروہ ہے۔

مسئلہ: ہر وہ کام جو خشوع اور عاجزی کے منافی ہو، اس کو چھوڑ دے، مثلاً بلا ضرورت ادھر اُدھر دیکھنا، منہ پر ہاتھ رکھنا، ایک ہاتھ کی انگلیوں کو دوسرے ہاتھ کی انگلیوں میں داخل کرنا، وغیرہ اسی طرح طواف کے دوران ایک دوسرے کے پیچھے دوڑنا بھی طواف کے آداب کے خلاف ہے، طواف میں اطمینان وسکون سے چلنا چاہئے۔

مسئلہ: طواف کے دوران اپنی نگاہ کو اپنے چلنے کی جگہ کے علاوہ، ادھر اُدھر نہ کرے، دعاؤں کے ساتھ ساتھ دُرود شریف پڑھتا

رہے، کیونکہ درود شریف افضل عبادت ہے۔

مسئلہ: طواف کے دوران دعا کی طرح ہاتھ نہ اٹھائے یا نماز کی طرح ہاتھ نہ باندھے۔

مسئلہ: طواف میں اذکار اور دعاؤں کا آہستہ پڑھنا مستحب ہے، اس طرح پڑھے کہ دوسروں کے پڑھنے میں خلل نہ پڑے۔

مسئلہ: طواف میں دعا مانگنا، قرآن مجید کی تلاوت سے افضل ہے۔

مسئلہ: مردوں کے لئے مستحب ہے کہ بیت اللہ شریف کے قریب ہو کر طواف کریں بشرطیکہ اس سے کسی کو تکلیف نہ ہو، لیکن طواف کرتے وقت بیت اللہ سے اتنا ہٹ کر چلنا ضروری ہے کہ جسم کا کوئی حصہ بیت اللہ کی بنیاد سے نہ ٹکرائے۔

مسئلہ: طواف میں نمازیوں کے سامنے سے گزر سکتے ہیں۔

مسئلہ: رکنِ یمانی پر پہنچے تو اس کو دونوں ہاتھوں سے یا صرف

داہنے ہاتھ سے چھونا سنت ہے، لیکن خیال رہے کہ پاؤں اپنی جگہ پر رہیں اور سینہ اور قدم بیت اللہ کی طرف نہ ہو، اس کو بوسہ دینا یا صرف بائیں ہاتھ سے چھونا خلافِ سنت ہے، اگر ہاتھ لگانے کا موقع نہ مل سکے تو اس کی طرف اشارہ نہ کرے ایسے ہی گزر جائے، یہی بہتر ہے۔

مسئلہ: شروع طواف اور ختم طواف، ملا کر حجرِ اسود کا آٹھ مرتبہ استلام ہوتا ہے، اوّل طواف شروع کرتے وقت اور آٹھواں (آخری چکر کے بعد) پہلی اور آٹھویں مرتبہ سُنّتِ مؤکدہ ہے، باقی میں بعض کے نزدیک سنت ہے اور بعض کے نزدیک مستحب ہے، استلام نہ کرنا مکروہاتِ طواف میں سے ہے، اس لئے کراہت سے بچنے کے لئے ہر چکّر کے پورا ہونے پر استلام کرے۔

مسئلہ: یوں تو بیت اللہ شریف کو دیکھنا ایک عبادت ہے، لیکن

طواف کی حالت میں بیت اللہ شریف کی طرف منہ کرنا اور بیت اللہ کو دیکھنا صحیح نہیں، بیت اللہ کی طرف منہ کرنا، صرف حجرِ اسود کے استقبال کے وقت جائز ہے۔

نوٹ: دورانِ طواف بیت اللہ کی طرف پیٹھ کرنا مکروہ تحریمی ہے، جو حرام کے زمرہ میں آتا ہے، اگر ایسا ہو جائے تو اس خاص حصّہ کا لوٹانا واجب ہے، لیکن بہتر ہے کہ پورے چکر کو دوبارہ کرے، دوبارہ نہ کرنے کی صورت میں جزا لازم ہو جائے گی۔

مسئلہ: حجرِ اسود کے سامنے استلام کے وقت ہر بار تکبیر کہنا سنّت ہے یعنی شروع میں بھی اور ہر چکّر میں بھی، ہر بار یہ کہے

بِسْمِ اللّٰہِ اَللّٰہُ اَکْبَرُ وَلِلّٰہِ الْحَمْدُ وَالصَّلٰوۃُ وَالسَّلَامُ عَلٰی رَسُوْلِ اللّٰہِ

مسئلہ: بلا عذر جوتے پہن کر طواف کرنا مکروہ ہے، موزہ پہن کر طواف کرنا مکروہ نہیں ہے، لیکن مرد کے لئے حالت احرام

میں موزہ پہننا منع ہے۔

مسئلہ: احرام کی اوپر والی چادر کو داہنی بغل سے نکال کر بائیں کندھے پر ڈالنے کو اضطباع کہتے ہیں، اضطباع صرف احرام کی حالت میں طواف کے ساتوں چکر میں کیا جاتا ہے اور یہ اس طواف میں سُنت ہے جس کے بعد سعی کی جائے، لیکن سعی میں اضطباع نہیں کیا جاتا۔

مسئلہ: خاص طور پر خیال رہے کہ طواف سے پہلے یا بعد میں اضطباع مسنون نہیں ہے، بعض لوگ احرام کی حالت میں ہر وقت اضطباع کرنے کو ضروری سمجھتے ہیں، اس سے بچنا چاہیے ،عمرہ کا طواف ختم کر کے پہلا کام یہ کرے کہ دونوں شانوں کو دوبارہ ڈھانک لے، نماز پڑھتے وقت دونوں کندھے ڈھکے ہوئے ہونے چاہئیں، کیونکہ نماز کی حالت میں دونوں یا ایک کندھے کا کھلا ہوا ہونا مکروہ ہے۔

مسئلہ: طواف میں اکڑ کر شانہ ہلاتے ہوئے، قریب قریب قدم رکھ کر، قدرے تیزی سے چلنے کو رمل کہتے ہیں، بعض لوگ اچھی خاصی دوڑ لگاتے ہیں، یہ طریقہ غلط ہے، بعض لوگ طواف کے ساتوں چکروں میں اور ہر طواف میں رمل کرتے ہیں، یہ بھی غلط ہے۔

مسئلہ: طواف کے پہلے تین چکروں میں رمل کرنا اور باقی چکروں میں رمل نہ کرنا سنت ہے، سارے طواف یعنی سات چکروں میں رمل کرنا مکروہ ہے، لیکن کرنے سے کوئی جزا واجب نہ ہوگی، رمل صرف اس طواف میں سنت ہے، جس کے بعد سعی کی جائے، جس طواف کے بعد سعی نہ کرنی ہو، اس کے کسی چکر میں بھی رمل نہیں کیا جاتا ہے۔

مسئلہ: اگر ہجوم زیادہ ہے کہ رمل نہ کر سکے گا، تو ہجوم کے کم ہونے تک طواف کو مؤخر کرے، جب ہجوم کم ہو جائے، تو اس کے بعد

طواف رمل کے ساتھ کرے، لیکن حج کے قریب جب ہجوم بہت زیادہ ہو جاتا ہے، اس وقت اگر موقع ملے،تو رمل کرے، ورنہ مجبورًا ابلا رمل ہی طواف کرلے۔

مسئلہ: اگر طواف رمل کے ساتھ شروع کیا اور ایک دو چکروں کے بعد اتنا ہجوم ہو گیا، کہ رمل نہیں کر سکتا،تو رمل کو موقوف کرے اور طواف پورا کرے۔

مسئلہ: اگر رمل کرنا بھول گیا یا ایک چکر کے بعد یاد آیا،تو صرف دو میں رمل کرے اور اگر اوّل کے تین چکروں کے بعد یاد آئے،تو پھر رمل نہ کرے، کیونکہ جس طرح اول کے تین چکروں میں رمل کرنا سنت ہے، اسی طرح آخر کے چار چکروں میں رمل نہ کرنا سنت ہے۔

مسئلہ: جس طواف میں رمل اور اضطباع سنت ہے، اس میں رمل اور اضطباع کو بلا عذر چھوڑنا مکروہ ہے۔

فہرست

مسئلہ: بعض لوگ یہ سمجھتے ہیں کہ طواف اس وقت تک مکمل نہیں ہوگا، جب تک کتابوں میں لکھی ہوئی، ہر چکر کی الگ الگ دعائیں نہ پڑھی جائیں، یہ خیال غلط ہے، طواف کے لئے نیت شرط ہے، اس کے بعد بالکل خاموش رہنا اور کچھ نہ پڑھنا بھی جائز ہے۔

مسئلہ: حج قران کرنے والا طوافِ عمرہ، طوافِ قدوم اور طوافِ نفل میں تلبیہ پڑھ سکتا ہے اور حج افراد کرنے والا بھی طوافِ قدوم اور طوافِ نفل میں تلبیہ پڑھ سکتا ہے، مگر زور سے نہ پڑھے، البتہ دعا مانگنا، تلبیہ پڑھنے سے افضل ہے، قارن اور مفرد کے علاوہ کے لئے طواف میں تلبیہ پڑھنا منع ہے۔

مسئلہ: طواف کے چکروں میں ہر چکّر کا لگاتار ہونا سنّت مؤکدہ ہے، اس لئے طواف کرتے ہوئے کسی عذر کے بغیر، کہیں نہ ٹھہرے، بیت اللہ کے کونوں پر یا مطاف کی کسی اور جگہ پر

دوران طواف دعا کے لئے کھڑا ہونا مکروہ ہے، اس لئے کہ یہ طواف کے لگاتار ہونے کے خلاف ہے۔

مسئلہ: اگر دوران طواف فرض نماز یا نماز جنازہ شروع ہو جائے، تو طواف روک دیں اور نماز میں شامل ہو جائیں، نماز سے فارغ ہو کر اسی جگہ سے طواف شروع کر دیں، جہاں چھوڑا تھا۔

مسئلہ: طواف اور سعی کیلئے محرم کا ساتھ ہونا ضروری نہیں، بغیر محرم کے بھی ادا ہو جاتے ہیں۔

مسائل سعی

مسئلہ: جس طواف کے بعد سعی کرنی ہو اس طواف اور دوگانہ طواف کے بعد سعی کے لئے جانے سے پہلے حجرِ اسود کا استلام کرنا سنت ہے، اس لئے نویں بار حجرِ اسود کا استلام کر کے صفا پر آئے۔

مسئلہ: نئ تعمیر کے بعد صفا کی بلندی کے اول حصہ تک چڑھنا جہاں سے بیت اللہ نظر آجائے کافی ہے۔

مسئلہ: سعی کرنے والے کے لئے سنت ہے کہ قبلہ رو کھڑے ہو کر سعی کی نیت کرے۔

مسئلہ: صفا اور مروہ پر چڑھنے کے بعد قبلہ رو کھڑے ہونا اور مردوں کے لئے ہر چکر میں میلین کے درمیان، درمیانی چال سے دوڑنا بھی سنت ہے۔

مسئلہ: حج کی سعی اگر طوافِ قدوم کے بعد طوافِ زیارت سے پہلے کرے، تو سعی میں تلبیہ پڑھے۔

مسئلہ: واجب ہے کہ سعی صفا سے شروع کرے اور مروہ پر ختم کرے، صفا سے مروہ تک ایک چکر ہوتا ہے اور مروہ سے صفا تک دوسرا چکر۔

مسئلہ: مروہ پر بھی زیادہ اوپر چڑھنا منع ہے، کشادہ جگہ تک چڑھے۔

مسئلہ: صفا اور مروہ پر اذکار اور دعاؤں کا تین بار تکرار کرنا، صفا اور

مروہ پر دیر تک دعا مانگنا مستحب ہے۔

مسئلہ: صفا اور مروہ پر دونوں ہاتھ اس طرح اٹھائے، جیسے دعا میں اٹھائے جاتے ہیں، نماز کی تکبیر تحریمہ کی طرح ہاتھ نہ اٹھائے اور بیت اللہ شریف کی طرف ہاتھ سے اشارہ بھی نہ کرے ہیں، یہ خلافِ سنت ہے، دوسروں کی دیکھا دیکھی میں ایسا نہ کرے۔

مسئلہ: سعی کے درمیان اگر وضو ٹوٹ جائے تو سعی جاری رکھے، بے وضو سعی ہو جاتی ہے اور اس سے کوئی دم یا صدقہ واجب نہیں ہوتا۔

مسئلہ: سعی سے فارغ ہونے کے بعد، لیکن حلق سے پہلے، مسجد حرام میں آکر دو رکعت نفل ادا کرنا مستحب ہے بشرطیکہ مکروہ وقت نہ ہو۔

مسئلہ: سعی کے لئے پاک ہونا شرط نہیں لہٰذا اگر عورت کے ناپاکی کے ایام شروع ہو چکے اور سعی نہ کی ہو تو سعی کر سکتی ہے۔

فہرست

مسئلہ: حج تمتع کرنے والا حج کی سعی اگر حج سے پہلے کرنا چاہے تو اس کے لئے ضروری ہے کہ حج کا احرام باندھے اور ایک نفلی طواف کرنے کے بعد حج کی سعی کی نیت سے سعی کرے۔

مسئلہ: حج کے احرام کے بغیر اگر حج کی سعی کی تو حج کی سعی ادا نہ ہوگی، اسی طرح اگر حج کا احرام باندھنے کے بعد بغیر طواف کئے حج کی سعی کر لی تب بھی سعی ادا نہ ہوگی بلکہ طواف زیارت کے بعد دوبارہ سعی کرنی ہوگی۔

حج

فرائض حج:

حج کے تین فرض ہیں:

❶ احرام یعنی حج کی دل سے نیت کرنا اور تلبیہ پڑھنا۔

❷ وقوف عرفات یعنی ۹ ذی الحجہ کو زوالِ آفتاب کے وقت سے ۱۰ ذی الحجہ کو صبح صادق تک عرفات میں کسی وقت میں ٹھہرنا، اگرچہ ایک لمحہ ہی کیوں نہ ہو۔

❸ طوافِ زیارت جو دسویں ذی الحجہ کی صبح سے لے کر بارہویں ذی الحجہ تک کیا جاتا ہے۔

ان تینوں فرضوں میں سے اگر کوئی فرض چھوٹ گیا، تو حج صحیح نہ ہوگا اور اس کی تلافی دم یعنی قربانی وغیرہ سے بھی نہیں ہوسکتی۔

اِن تینوں فرائض کا ترتیب وار ادا کرنا اور ہر فرض کو اس کی

مخصوص جگہ اور وقت میں کرنا واجب ہے۔

ارکان حج

حج کے دو رکن ہیں:

1. طوافِ زیارت۔
2. وقوف عرفہ۔

اور اِن دونوں میں زیادہ اہم اور قوی وقوف عرفہ ہے۔

واجباتِ حج

حج کے چھ واجبات ہیں۔

1. مزدلفہ میں وقوف کے وقت ٹھہرنا۔
2. صفا اور مروہ کے درمیان سعی کرنا۔
3. رمی جمار یعنی کنکریاں مارنا۔
4. دم شکر ادا کرنا یعنی حج کی قربانی کرنا (قارن اور متمتع کے لئے)۔

فہرست

آئیں حج کریں ۱۱۳

۵ حلق یعنی سر کے بال منڈوانا یا تقصیر یعنی بال کتروانا۔

۶ طواف وداع کرنا (آفاقی کے لئے)۔

واجبات کا حکم یہ ہے کہ اگر ان میں سے کوئی واجب چھوٹ جائے تو حج ہو جائے گا، چاہے جان بوجھ کر چھوڑا ہو یا بھول کر، لیکن اس کی جزا لازم ہوگی۔

حج کی سنتیں

۱ مفرد آفاقی اور قارن کو طوافِ قدوم کرنا۔

۲ طوافِ قدوم کے بعد اگر حج کی سعی کرنی ہو تو طواف قدوم میں رمل اور اضطباع کرنا۔

۳ امام کا تین مقام پر خطبہ دینا، ساتویں ذی الحجہ کو مکہ مکرمہ میں اور نویں ذی الحجہ کو عرفات میں اور گیارہویں کو منیٰ میں۔

۴ آٹھویں اور نویں ذی الحجہ کی درمیانی رات منیٰ میں رہنا۔

۵ ۹ ذی الحجہ کو طلوع آفتاب کے بعد منیٰ سے عرفات جانا۔

۶ عرفات سے امام کے چلنے کے بعد چلنا۔

۷ عرفات سے واپس ہوتے ہوئے مزدلفہ میں رات گزارنا۔

۸ عرفات میں غسل کرنا۔

۹ ایام منیٰ میں رات منیٰ میں گزارنا۔

ان کے علاوہ اور بھی بہت سی سنتیں ہیں، جو مسائل و افعال حج کے ساتھ ساتھ ان شاء اللہ تعالیٰ موقع بہ موقع ذکر کی جائیں گی۔

مسئلہ: سنّت کا حکم یہ ہے کہ اسے جان بوجھ کر چھوڑ دینا بُرا ہے اور کرنے سے ثواب ملتا ہے اور اس کے ترک کرنے سے جزا لازم نہیں آتی۔

اقسامِ حج

حج کی تین قسمیں ہیں:

❶ **افراد** یعنی میقات سے صرف حج کا احرام باندھنا۔

❷ **قران** یعنی میقات سے حج اور عمرے کا ایک ساتھ احرام باندھنا۔

❸ **تمتع** یعنی میقات سے صرف عمرے کا احرام باندھنا اور پھر عمرے سے فارغ ہونے کے بعد حج کا احرام باندھنا۔

حج کی تینوں قسمیں جائز ہیں، مگر احناف کے نزدیک سب سے افضل قران ہے، اس کے بعد تمتع، اور پھر افراد۔

آفاقی شخص کو اختیار ہے کہ حج کی تینوں قسموں میں سے جس کا چاہے، احرام باندھے، لیکن مکہ مکرمہ کے رہنے والوں کو حج قران اور حج تمتع کرنا منع ہے، مکی حضرات صرف حج افراد ہی کر سکتے ہیں۔

حج قران

حج قران کرنے والے کو قَارِن کہتے ہیں، حج قران کرنے والا ایک ہی احرام میں حج اور عمرے دونوں کی نیت کرتا ہے، ایسے حاجی کو چاہئے کہ عمرے کے تمام افعال ادا کرے، لیکن حلق (بال منڈوانا) یا قصر (بال کتروانا) نہ کروائے عمرہ کے طواف اور سعی سے فارغ ہونے کے بعد طواف قدوم اور حج کی سعی کرے اور پھر احرام ہی میں رہے، یہاں تک کہ ۸ ذی الحجہ آجائے اور ۸ ذی الحجہ سے شروع ہونے والے حج کے ارکان ادا کرے اور ۱۰ ذی الحجہ کو رمی، قربانی اور حلق کروانے کے بعد احرام اتار دے۔

حج تمتع

حج تمتع کرنے والے کو مُتَمَتِّع کہتے ہیں، حج تمتع کرنے والا گھر سے روانہ ہوتے ہوئے، صرف عمرے کی نیت کرے

گا، عمرے کے افعال ادا کرنے کے بعد حلق کروا کر احرام کھول دے اور ۸ ذی الحجہ کو حج کا احرام باندھ کر منیٰ روانہ ہوجائے اور حج کے افعال ادا کرے۔

حج افراد

حج افراد کرنے والے کو مُفرِد کہتے ہیں، حج افراد کرنے والا گھر سے روانہ ہوتے ہوئے صرف حج کی نیت کرے اور مکہ مکرمہ پہنچ کر احرام کی حالت میں ۸ ذی الحجہ کا انتظار کرے اور ۸ ذی الحجہ سے شروع ہونے والے حج کے افعال ادا کرکے، ۱۰ ذی الحجہ کو رمی، قربانی اور حلق کروانے کے بعد احرام اتار دے۔

نوٹ: واضح رہے کہ حج افراد کرنے والے پر حج کی قربانی یعنی دم شکر واجب نہیں، لیکن افضل ہے، البتہ قارن اور متمتع پر واجب ہے۔

۸ ذی الحجہ کے احکام اور قیام منیٰ

مسئلہ: قارِن (حج قران کرنے والا) جو پہلے ہی سے حالتِ احرام میں ہے، اس نے اگر اب تک طوافِ قدوم نہیں کیا ہے، تو اس کے لئے سنّت ہے، کہ ۸ ذی الحجہ کو منیٰ جانے سے پہلے طوافِ قدوم کرے اور طوافِ قدوم کے بعد حج کی سعی کر لے، اس صورت میں طواف کے تمام چکروں میں اضطباع کرے اور پہلے تین چکروں میں رمل کرے پھر ملتزم کی دعا، دوگانۂ طواف اور آبِ زم زم سے فارغ ہو کر صفا اور مردہ کی سعی کرے اور اس سعی میں تلبیہ پڑھے، اس کے بعد ۸ ذِی الحجہ کو منیٰ چلا جائے، لیکن اگر کسی وجہ سے حج کی سعی طوافِ زیارت کے بعد کرنا چاہے تو طوافِ قدوم میں اضطباع اور رمل نہ کرے، اس صورت میں اس کو طوافِ زیارت میں رمل کرنا ہوگا البتہ اضطباع نہیں کرے گا کیونکہ اس وقت وہ احرام کی چادریں اتار کر سلے

ہوئے کپڑے پہن چکا ہوگا۔

مسئلہ: حج تمتع کرنے والے ۸ ذِی الحجہ کو غسل وغیرہ کر کے احرام کی چادریں پہن کر مسجد حرام میں آئیں، اگر سہولت ہو تو پہلے طواف تحیہ (نفلی طواف) کریں، لیکن یہ فرض یا واجب نہیں ہے، اس طواف میں رمل اور اضطباع نہ کریں اور سر ڈھکے ہوئے دو رکعت واجب الطواف پڑھیں، اگر ہجوم یا کسی وجہ سے طواف نہ کرنا ہو اور وقت مکروہ نہ ہو تو دو رکعت نماز تحیۃ المسجد پڑھیں، اسکے بعد دو رکعت نماز سنّت احرام پڑھیں پھر سر کھول دیں اور حج کے احرام کی نیّت کر کے تلبیہ پڑھیں۔

مسئلہ: حج کا احرام حدود حرم میں کسی بھی جگہ سے باندھا جاسکتا ہے، اپنی قیام گاہ پر بھی باندھ سکتے ہیں اور منیٰ پہنچ کر بھی باندھ سکتے ہیں۔

نوٹ: منیٰ حدود حرم میں ہے البتہ مزدلفہ جسے آج کل نیو منیٰ کا نام

فہرست

دے دیا گیا ہے اس کا اکثر حصہ حدود حرم سے باہر ہے۔

مسئلہ: حج تمتع کرنے والوں کے لئے طوافِ قدوم نہیں ہے، یہ طوافِ زیارت میں رمل کریں اور اس کے بعد حج کی سعی کریں، لیکن اگر حج کی سعی منیٰ جانے سے پہلے کرنا چاہے، تو اس کے لئے ضروری ہے، کہ حج کا احرام باندھ کر ایک نفلی طواف کرے اور اس کے تمام چکروں میں، اضطباع اور پہلے تین چکروں میں رمل کرے، پھر ملتزم کی دعا، دوگانۂ طواف، آبِ زم زم پی کر اور حجرِ اسود کے نویں استلام کے بعد صفا اور مروہ کی سعی کرے۔

نوٹ: حج تمتع کرنے والے کے لئے افضل یہ ہے کہ طواف زیارت کے بعد سعی کریں۔

نوٹ: حج کی سعی کے لئے کئے جانے والے نفلی طواف اور طواف تحیہ میں فرق یہ ہے کہ حج کی سعی کے لئے کئے جانے والے نفلی

طواف کے لئے حج کا احرام شرط ہے جبکہ طواف تحیہ کے لئے کسی قسم کا احرام شرط نہیں۔

مسئلہ: مفرد (حج افراد کرنے والا) جو پہلے ہی سے حالتِ احرام میں ہے، اس نے طوافِ قدوم مکّہ پہنچنے کے ساتھ ہی کرلیا ہوگا، اس کے لئے افضل ہے کہ حج کی سعی طوافِ زیارت کے بعد کرے، اور ۸ ذِی الحجہ کو کوئی اور کام کئے بغیر مِنیٰ روانہ ہوجائے، لیکن اگر وہ حج کی سعی مِنیٰ جانے سے پہلے کرنا چاہے تو مذکورہ بالا طریقے پر نفلی طواف اور حج کی سعی کرے اور پھر مِنیٰ روانہ ہوجائے۔

مسئلہ: ۸ ذی الحجہ کو سورج نکلنے کے بعد مکہ مکرمہ سے منیٰ روانہ ہونا سنّت ہے، لیکن آج کل حجاج کی کثرت تعداد اور ہجوم کی وجہ سے معلّم مجبوراً لوگوں کو رات ہی سے منیٰ بھیجنا شروع کردیتے ہیں، اس لئے اگر رات کو منیٰ جانا پڑے تو مجبوری سمجھ کر چلے

آئیں حج کریں جائیں۔

مسئلہ: ۸ ذی الحجہ کو منیٰ پہنچ کر ظہر، عصر، مغرب، عشاء اور ۹ ذی الحجہ کی فجر پانچ نمازیں پڑھنا سنت ہے، رات کو منیٰ میں قیام کرے، نمازیں جماعت سے ادا کرے۔

مسئلہ: آج کی رات اور ۱۰ اور ۱۱ ذی الحجہ کی رات منیٰ ہی میں گزارنا سنت ہے، اپنی تھوڑی سی راحت کیلئے اس عظیم سنت سے محروم نہ ہوں اور ہو سکے تو ۱۳ ذی الحج کی رات بھی منیٰ ہی میں قیام کریں۔

مسئلہ: آج کل ہجوم کی وجہ سے منیٰ کے بعض خیمے مزدلفہ میں لگائے جاتے ہیں اور بعض لوگ اسے منیٰ جدید (نیو منیٰ) بھی کہتے ہیں، حالانکہ وہ مزدلفہ ہی ہے، یاد رہے کہ منیٰ میں رات گزارنا سنت ہے، اس لئے وہ حضرات جن کے خیمے مزدلفہ میں ہیں، وہ رات کے کسی حصے میں تھوڑی دیر کیلئے منیٰ آ جائیں تاکہ کسی نہ کسی

درجہ میں یہ سنت ادا ہو جائے۔

۹ ذی الحجہ کے اعمال

مسئلہ: ۹ ذی الحجہ کو فجر کی نماز کے بعد تکبیراتِ تشریق شروع ہو جاتی ہیں، ۹ ذی الحجہ کی فجر سے لے کر ۱۳ ذی الحجہ کی عصر تک فرض نمازوں کے بعد ایک بار تکبیر تشریق پڑھنا واجب ہے، تکبیر تشریق کے الفاظ یہ ہیں:

اَللّٰہُ اَکْبَرُ اَللّٰہُ اَکْبَرُ لَآ اِلٰہَ اِلَّااللّٰہُ وَاللّٰہُ اَکْبَرُ اَللّٰہُ اَکْبَرُ وَلِلّٰہِ الْحَمْدُ

مسئلہ: ۹ ذی الحجہ کی فجر سے ۱۳ ذِی الحجہ کی عصر تک ہر فرض نماز کے بعد اوّل تکبیر تشریق کہنی چاہئے اسکے بعد تلبیہ، یاد رہے کہ تلبیہ دسویں تاریخ کی رمی کے ساتھ ختم ہو جاتا ہے، باقی ایام میں صرف تکبیر تشریق کہی جاتی ہے۔

مسئلہ: یاد رہے کہ ۹ ذِی الحجہ سے ۱۲ ذِی الحجہ تک بعد والی رات

پہلے دن کی شمار کی جاتی ہے۔

وقوفِ عرفات

مسئلہ: وقوف سے مراد ۹ ذی الحجہ کو زوال آفتاب سے، ۱۰ ذِی الحجہ کی صبح صادق ہونے سے ذرا پہلے تک وادی عرنہ کے علاوہ میدانِ عرفات کے کسی حصّہ میں، کسی وقت بھی قیام کرنا، یہی وقوفِ عرفات حج کا سب سے بڑا رکن ہے، اس کے بغیر حج نہیں ہوتا۔

مسئلہ: ۹ ذی الحج کو فجر کی نماز ''اسفار'' یعنی خوب اجالے میں (منیٰ میں) پڑھے اور جب سورج نکل آئے، تو عرفات کو روانہ ہو، ۹ ذی الحجہ سے پہلے یا سورج نکلنے سے پہلے عرفات جانا خلاف سُنّت ہے۔

نوٹ: آج کل حجاج کرام کی کثرت تعداد اور ہجوم کی بناء پر مجبورًا رات ہی میں عرفات جانا پڑتا ہے۔

مسئلہ: وقوفِ عرفات میں صرف ایک چیز واجب ہے، وہ یہ کہ جو شخص دن میں زوالِ آفتاب کے بعد غروب آفتاب سے پہلے وقوف کرے، اس کے لئے غروبِ آفتابِ تک عرفات میں رہنا واجب ہے۔

مسئلہ: وقوفِ عرفات کے لئے نیّت شرط نہیں، لیکن مستحب ہے، اگر نیّت نہ کی تب بھی وقوف ہو جائے گا، اسی طرح عرفات میں وقوف کے لئے کھڑا رہنا شرط اور واجب نہیں، بلکہ مستحب ہے، بیٹھ کر، لیٹ کر، جس طرح ہو سکے، سوتے، جاگتے، وقوف کرنا جائز ہے، لیکن وقوف کے وقت، بلا عذر لیٹنا مکروہ ہے۔

مسئلہ: وقوف کے لئے حیض ونفاس وجنابت سے پاک ہونا، شرط نہیں ہے، ناپاکی کی حالت میں بھی وقوفِ عرفات ہو جاتا ہے۔

مستحباتِ وقوف عرفات

۱ زوال سے پہلے وقوف کی تیاری کرنا۔

۲ وقوف کی نیت کرنا۔

۳ قبلہ رخ ہو کر وقوف کرنا۔

۴ وقوف کھڑے ہو کر کرنا افضل ہے اور جب تھک جائے تو بیٹھ جائے۔

۵ دھوپ میں کھڑا ہو، یعنی اگر ہو سکے تو وقوف کے وقت سایہ میں کھڑا نہ ہو، ورنہ سایہ اور خیمہ میں وقوف کرے اور غروبِ آفتاب تک خوب رو رو کر دُعا اور استغفار کرے۔

۶ دعا کے لئے دونوں ہاتھ آسمان کی طرف اٹھانا۔

۷ دعاؤں کا تین بار تکرار کرنا۔

۸ دعا کے شروع میں اللہ تعالیٰ کی حمد و ثناء بیان کرنا اور حضور صلی اللہ علیہ وسلم پر درود بھیجنا اور دعا کے ختم پر اللہ تعالیٰ کی حمد و ثناء

بیان کرنا اور حضور صلی اللہ علیہ وسلم پر درود بھیجنا اور آمین کہنا۔

عرفات کے احکام

مسئلہ: عرفات مکہ مکرمہ کے مشرق کی جانب، تقریباً نو میل اور منیٰ سے چھ میل کے فاصلے پر ایک میدان ہے، نویں تاریخ کو زوال کے بعد سے دسویں کی صبح صادق سے پہلے تک، کسی وقت اس میں ٹھہرنا، اگرچہ ایک لمحہ ہی کیلئے ہو، حج کا سب سے بڑا رکن ہے۔

مسئلہ: عرفات میں جس جگہ ٹھہرنا چاہے ٹھہرے، لیکن راستہ میں نہ ٹھہرے اور لوگوں کے ساتھ ٹھہرے، لوگوں سے علیحدہ کسی جگہ میں ٹھہرنا، یا راستہ میں ٹھہرنا مکروہ ہے، جبل رحمت کے قریب ٹھہرنا افضل ہے۔

نوٹ: آج کل حجاج کرام کی کثرت اور ہجوم اور راستے سے ناواقفیت کی بناء پر جبل رحمت تک پہنچنا ایک مشکل کام ہے اور

میدان عرفات کا ایک ایک لمحہ قیمتی ہے اس لئے مناسب یہی ہے کہ بجائے جبل رحمت تلاش کرنے کے اپنے خیموں ہی میں وقوف عرفات کرے اور دعا وغیرہ میں مشغول رہے۔

مسئلہ: بطن عرنہ میں ٹھہرنا جائز نہیں،، بطن عرنہ ایک وادی ہے، جو مسجد عرفات سے مغرب کی جانب بالکل متصل ہے، مسجد نمرہ کا ایک حصہ اسی وادی میں واقع ہے لہٰذا مسجد نمرہ کے اس حصے میں ٹھہرنے سے وقوف ادا نہیں ہوگا۔

مسئلہ: عرفات میں پہنچ کر تلبیہ، دُعا اور درود، وغیرہ کثرت سے پڑھتا رہے، جب زوال ہو جائے تو وضو کرے، غسل کرنا افضل ہے، ضروریات (کھانا پینا وغیرہ) سے زوال سے پہلے ہی فارغ ہو جائے اور زوال ہوتے ہی ذکر واذکار اور دعا میں مشغول ہو جائے۔

مسئلہ: عرفات میں وقوف کے وقت کھڑا رہنا مستحب ہے، شرط

اور واجب نہیں ہے، بیٹھ کر، لیٹ کر، جس طرح ہو سکے، سوتے ، جاگتے، وقوف کرنا جائز ہے۔

مسئلہ: وقوف میں ہاتھ اٹھا کر حمد وثنا، درود شریف، دُعا، اذکار اور تلبیہ پڑھتے رہنا مستحب ہے اور خوب عاجزی کے ساتھ دُعا کریں، اپنے لئے اور اپنے عزیز واقارب، سعد عبدالرزاق اور اس کے گھر والوں کے لئے اور سب مسلمانوں کے لئے دُعا کریں اور قبولیت کی امید قوی رکھیں اور دُعا و درود، تکبیر (اَللّٰهُ اَكْبَرُ) وتہلیل (لَآ اِلٰهَ اِلَّا اللّٰهُ) وغیرہ تین تین مرتبہ پڑھیں، دُعا کے شروع اور آخر میں تسبیح (سُبْحَانَ اللّٰه)، تحمید (اَلْحَمْدُ لِلّٰه)، تہلیل (لَآ اِلٰهَ اِلَّا اللّٰهُ) وتکبیر (اَللّٰهُ اَكْبَرُ) اور درود پڑھیں۔

مسئلہ: نماز عصر کے بعد وقوف شروع کر کے، غروب تک دُعا وغیرہ کرتا رہے اور دُعا کے درمیان میں، تھوڑی دیر کے بعد

تلبیہ پڑھتا رہے۔

مسئلہ: اگر مجمع کے ساتھ کھڑا ہونے میں ہجوم اور تشویش کی وجہ سے توجہ حاصل نہ ہو اور تنہائی میں توجہ حاصل ہو، تو تنہا کھڑا ہونا افضل ہے۔

مسئلہ: عورتوں کو مردوں کے ساتھ کھڑا ہونا اور ان میں مخلوط ہونا منع ہے۔

مسئلہ: وقوف کے وقت جس قدر ذکر و دعا ہو سکے ان میں کمی نہ کرے، پتا نہیں یہ وقت دوبارہ نصیب ہو یا نہ ہو۔

ایک روایت میں ہے کہ جو مسلمان عرفہ کو زوال کے بعد وقوف کرے اور قبلہ رخ ہو کر سو مرتبہ چوتھا کلمہ

لَآ اِلٰهَ اِلَّا اللّٰهُ وَحْدَهٗ لَاشَرِيْكَ لَهٗ لَهُ الْمُلْكُ
وَلَهُ الْحَمْدُ وَهُوَ عَلٰى كُلِّ شَيْءٍ قَدِيْرٌ

سو مرتبہ پوری سورۃ الاخلاص

قُلْ هُوَ اللّٰهُ اَحَدٌ پوری سورت

سومرتبہ درود شریف اس طرح پڑھے،

اَللّٰهُمَّ صَلِّ عَلٰى مُحَمَّدٍ وَّعَلٰى اٰلِ مُحَمَّدٍ كَمَا صَلَّيْتَ عَلٰى اِبْرَاهِيْمَ وَعَلٰى اٰلِ اِبْرَاهِيْمَ اِنَّكَ حَمِيْدٌ مَّجِيْدٌ وَعَلَيْنَا مَعَهُمْ

تو اللہ تعالیٰ فرماتے ہیں کہ

اے میرے فرشتو......! کیا جزا ہے میرے اس بندہ کی، جس نے میری تسبیح وتہلیل کی اور بڑائی اور عظمت بیان کی اور ثناء کی اور میرے نبی صلی اللہ علیہ وآلہ وسلم پر درورد بھیجا؟ میں نے اس کو بخش دیا، اس کی شفاعت کو اس کے نفس کے بارے میں قبول کیا اور اگر میرا بندہ اہل موقف (تمام عرفات والوں) کی بھی شفاعت کرے گا ،تو قبول کروں گا۔

اسی طرح میدان عرفات میں سومرتبہ تیسرا کلمہ بھی پڑھے۔

فہرست

سُبْحَانَ اللّٰہِ وَالْحَمْدُ لِلّٰہِ وَلَا اِلٰہَ اِلَّا اللّٰہُ وَاللّٰہُ اَکْبَرُ

مسئلہ: اگر ہو سکے تو وقوف کے وقت سایہ میں کھڑا نہ ہو، لیکن اگر تکلیف کا اندیشہ ہو تو سایہ میں کھڑا ہو جائے اور غروب آفتاب تک خوب رو رو کر دعا کرے اور توبہ و استغفار کرے۔

مسئلہ: عام طور پر عرفات میں ظہر اور عصر کی نماز ایک ساتھ ظہر کے وقت میں ادا کی جاتی ہے، حنفی حضرات اگر مقامی امام کے پیچھے مسجد نمرہ میں نماز ادا کریں گے، تو ان دونوں نمازوں کو ایک ساتھ ادا کریں، لیکن بہتر ہے کہ اپنے خیموں میں اذان دے کر ظہر کی نماز جماعت سے ظہر کے وقت میں ادا کریں، اور پھر عصر کی نماز اسی طرح عصر کے وقت میں ادا کریں۔

رکن وقوف

مسئلہ: وقوف کا عرفات میں ہونا رکن ہے، اگرچہ ایک لمحہ ہی ہو، خواہ کسی طرح سے ہو نیت ہو یا نہ ہو، سوتے ہوئے ہو یا بیداری

میں، بے ہوشی کی حالت میں ہو یا افاقہ کی حالت میں ہو خوشی سے ہو یا زبردستی سے یا دوڑتا ہوا گزر جائے۔

مسئلہ: وقوف کے وقت میں اگر ایک لمحہ کے لئے بھی عرفات میں داخل نہیں ہوا تو وقوف نہیں ہوا۔

مسئلہ: وقوف کے لئے حیض و نفاس جنابت سے پاک ہونا شرط نہیں۔

مسئلہ: نویں ذی الحجہ کو زوال سے لے کر سورج غروب ہونے سے پہلے عرفات کی حد سے نکل آئے گا، تو دم واجب ہوگا، لیکن اگر سورج غروب ہونے سے پہلے پھر عرفات میں واپس آجائے گا تو دم ساقط ہو جائے گا، اور اگر غروب کے بعد عرفات میں واپس آئے گا تو دم ساقط نہ ہوگا۔

مسئلہ: ۹ ذی الحجہ کو آفتاب غروب ہونے کے بعد مغرب کی نماز پڑھے بغیر عرفات سے مزدلفہ روانہ ہو جائے، مزدلفہ پہنچ کر

مغرب اور عشاء کی نمازیں اکٹھا کر کے عشاء کے وقت میں پڑھی جاتی ہیں۔

وقوفِ مُزدلفہ

مزدلفہ میں مغرب اور عشاء کی نماز سے فارغ ہو کر، صبح صادق تک ٹھہرنا سنت مؤکدہ ہے، اس شب میں جاگنا اور عبادت میں مشغول رہنا مستحب ہے، یہ رات بعض کے نزدیک شبِ قدر سے بھی زیادہ افضل ہے، بکثرت ایسا ہوتا ہے کہ عرفات کے دن بھر کے تھکے ہارے، یہاں پہنچ کر نیند سے مغلوب ہو کر پڑ جاتے ہیں اور یہ رات سوتے ہی کٹ جاتی ہے، اس لئے اس کا پورا اہتمام کریں کہ رحمت و برکت والی یہ رات کہیں صِرف نیند کی نظر ہو کر نہ رہ جائے، اگر تھکن زیادہ ہو اور طبیعت سونے کے لئے پریشان ہو، تو پھر مغرب اور عشاء کی نماز پڑھ کر اور تھوڑی سی دیر اللہ کی تسبیح و تقدیس اور حمد و شکر کر کے اور اس کے

حضور میں دُعا وتوبہ، استغفار میں مشغول رہ کر کچھ وقت کے لئے شروع میں سو جائیں اور پھر اُٹھ کر تہجد پڑھیں اور پھر فجر تک ذکر و دعا میں مشغول رہیں، درود شریف، تکبیر (اَللّٰہُ اَکْبَر) وتہلیل (لَآ اِلٰہَ اِلَّا اللّٰہُ) استغفار، تلبیہ، اذکار خوب پڑھیں اور دُعا میں اس طرح ہاتھ اٹھائیں، جیسے دعا کے وقت عام طور سے اٹھاتے ہیں۔

وقوفِ مزدلفہ کا رکن یہ ہے کہ یہ وقوف ۱۰ ذی الحجہ کی صبح صادق کے بعد مزدلفہ میں ہو اور یہ واجباتِ حج میں سے ہے، اس کا وقت صبح صادق سے طلوعِ آفتاب تک ہے، عورتیں اگر ہجوم کی وجہ سے مزدلفہ میں نہ ٹھہریں تو ان پر دم واجب نہیں ہوگا، لیکن اگر مرد ہجوم کی وجہ سے نہیں ٹھہرے گا، تو اس پر دم واجب ہوگا۔

مستحب یہ ہے، کہ مزدلفہ سے رمی کیلئے کنکریاں اٹھائی جائیں، اس لئے مزدلفہ سے روانگی سے پہلے کم از کم ستّر (۷۰)

کنکریاں چُن لیں، جو کھجور کی گٹھلی یا مٹر کے دانہ کے برابر ہوں، اگر مزدلفہ سے کنکریاں نہ لیں تو بعد میں کسی دوسری جگہ سے حاصل کرنا مشکل ہو جائے گا۔

نوٹ: شیطان کو مارنے کے لئے کنکریاں کہیں سے بھی لی جاسکتی ہیں البتہ مزدلفہ سے جمع کرنا مستحب اور جمرات کے قریب سے اٹھانا مکروہ ہے۔

صبح صادق ہو جانے کے بعد اول وقت میں فجر کی نماز پڑھیں، پھر وقوف کریں اور تسبیح و تہلیل کریں، بعض لوگ منٰی جانے کی جلدی میں، فجر کے وقت سے پہلے ہی اذان دے کر نماز پڑھ لیتے ہیں اور مزدلفہ سے مِنٰی کو روانہ ہو جاتے ہیں، ان سے ہوشیار رہیں اور ہرگز کسی کی اذان کا اعتبار نہ کریں، بلکہ اپنی گھڑی کے اعتبار سے جب صبح صادق ہو جائے تو اس کے بعد فجر کی نماز پڑھیں، بہتر طریقہ یہ ہے کہ ۷، یا ۸ ذِی الحجہ کو مکہ مکرمہ

میں مسجدِ حرام میں فجر کی اذان کا وقت نوٹ کرلیں اوراس سے پانچ منٹ بعد مزدلفہ میں فجر کی نماز پڑھیں، اس کے بعد وقوف سے فارغ ہوکر منیٰ روانہ ہوجائیں۔

نوٹ: نماز کا صحیح وقت معلوم کرنے کے لئے کتاب کے اخیر میں دیئے گئے، نمازوں کے اوقات کے نقشے سے بھی مدد لی جاسکتی ہے۔

۱۰ ذی الحجہ

۱۰ ذِی الحجہ کو مزدلفہ سے منیٰ آکر سب سے پہلے جمرۂ عقبیٰ (بڑے شیطان) کی رمی (کنکریاں ماریں) کریں، اس کے بعد قربانی اور پھر سر کے بال منڈا کر یا کترواکر احرام کھول دیں، ان سب کاموں سے فارغ ہوکر بیت اللہ آجائیں اور طواف زیارت ادا کریں، یہ حج کا ایک بڑا رکن ہے، اوراس کے بغیر حج مکمل نہیں ہوتا، نہ ہی اس کا کوئی بدل ہے، طواف زیارت

ادا کرنے کا کوئی مخصوص طریقہ نہیں، جس طرح عام طواف کیا جاتا ہے، طواف زیارت بھی اسی طرح ادا کیا جاتا ہے، اگر حج کی سعی پہلے ادا نہیں کی تو طواف زیارت میں رمل بھی کریں اور اس کے بعد حج کی سعی بھی کرلیں، طواف زیارت اور سعی کی ادائیگی کے بعد منیٰ واپس آجائیں اور رات وہیں قیام کریں۔

مسائل رمی

مسئلہ: شیطان کو کنکریاں مارنے کو رمی جمار کہا جاتا ہے۔

مسئلہ: رمی جمار واجب ہے، نہ کرنے کی صورت میں دم دینا ہوگا۔

مسئلہ: کنکریاں مارنے کی جگہ پر جو ستون بنے ہوئے ہیں، ان ستونوں کے آس پاس جہاں کنکریاں جمع ہو جاتی ہیں، وہی جگہ جمرہ کہلاتی ہے، اس لئے کنکریاں اس طرح پھینکی جاتی ہیں کہ ستون کے پاس یا اس کے قریب گریں، اگر وہ ستون کی جڑ سے

تین ہاتھ یا اس سے زائد فاصلہ پر گریں تو دُور سمجھی جائیں گی اور ادا نہیں ہوں گی، ان کو دوبارہ مارنا ہوگا، ورنہ جزا لازم ہو جائے گی۔

مسئلہ: ایک بڑا پتھر توڑ کر رمی کے لئے چھوٹے ٹکرے بنانا مکروہ ہے، جمرہ کے نزدیک سے کنکریاں جمع کرنا، مسجد سے کنکریاں اٹھانا یا نجس جگہ سے اٹھانا بھی مکروہ ہے۔

مسئلہ: مستحب ہے کہ کنکریوں کو مارنے سے پہلے دھولیا جائے۔

مسئلہ: ہر جمرہ پر سات کنکریاں ماری جاتی ہیں، جن کو علیٰحدہ علیٰحدہ مارنا ضروری ہے، اگر ایک سے زیادہ یا ساتوں ایک ہی دفعہ میں مار دے، تو ایک ہی شمار ہوگی، اگرچہ علیٰحدہ علیٰحدہ گری ہوں اور باقی پوری کرنا ضروری ہوگا، سات کنکریوں سے زائد مارنا مکروہ ہے، شک ہو جانے کی وجہ سے زیادہ مارے تو حرج نہیں ہے۔

فہرست

مسئلہ: اگر کِسی نے

❶ تینوں دنوں کی رمی بالکل ترک کردی:

❷ یا ایک دن کی رمی ساری ترک کردی:

❸ یا پہلے دن کی چار کنکریاں:

❹ یا باقی دنوں کی گیارہ کنکریاں ترک کردیں:

تو سب صورتوں میں دم واجب ہوگا، یہ صورت ایک دن میں پیش آجائے یا تینوں دنوں میں، ایک ہی دم واجب ہوگا۔

مسئلہ: اگر دسویں ذی الحجہ کی رمی سے تین یا اس سے کم کنکریاں اور باقی دنوں کی رمی سے دس یا اس سے کم کنکریاں ترک کردیں، تو ہر کنکری کے بدلے پورا صدقہ یعنی پونے دوکلو گیہوں واجب ہوگا۔

مسئلہ: رمی کے لئے جمرہ کے قریب یا دُور ہونا شرط نہیں ہے، جس جگہ سے بھی رمی کرے گا، رمی ہوجائے گی، لیکن سنّت یہ ہے، کہ

جمرہ سے پانچ ہاتھ یا اس سے زیادہ فاصلہ پر کھڑا ہو کر رمی کرے، اس سے کم فاصلہ سے رمی کرنا مکروہ ہے۔

مسئلہ: جس طرح چاہے پکڑ کر کنکری مارے جائز ہے، لیکن کنکری کو انگوٹھے اور کلمہ کی انگلی سے پکڑنا مستحب ہے اور یہ بھی مستحب ہے کہ رمی کے وقت ہاتھ اتنا اونچا کرے کہ بغل کھل جائے اور بغل کی سفیدی نظر آنے لگے۔

مسئلہ: رمی کے ساتھ تکبیر کہنا مسنون ہے، جب کنکریاں مارے تو یہ پڑھتا رہے

بِسْمِ اللّٰہِ اَللّٰہُ اَکْبَرُ رَغْمًا لِّلشَّیْطٰنِ وَرِضًی لِّلرَّحْمٰنِ

"میں اللہ تعالیٰ کے نام سے شروع کرتا ہوں، اللہ سب سے بڑا ہے، (یہ کنکری) شیطان کو ذلیل کرنے اور اللہ پاک کو راضی کرنے کے لئے مارتا ہوں"۔

مسئلہ: ۱۰ ذِی الحجہ کو پہلے اور دوسرے جمرہ کو چھوڑ کر سیدھا

تیسرے جمرہ پر آئے، جس کو "جمرۂ عقبہ" (بڑا شیطان) کہتے ہیں، اس پر سات کنکریاں مارے۔

مسئلہ: جمرۂ عقبہ پر پہلی کنکری مارنے کے ساتھ ہی تلبیہ موقوف کردے۔

مسئلہ: ۱۰ ذی الحجہ کو رمی کا وقت ۱۰ ذی الحجہ کی صبح صادق سے ۱۱ ذی الحجہ کی صبح صادق سے پہلے تک ہے ان اوقات کے درمیان رمی کرنے سے رمی ادا ہو جائے گی، البتہ ۱۰ ذی الحجہ کے سورج طلوع ہونے کے بعد سے زوال آفتاب تک وقت مسنون ہے اور ۱۰ ذی الحجہ کے زوال آفتاب سے سورج غروب ہونے تک کا وقت بغیر کسی کراہت کے جائز ہے جبکہ سورج غروب ہونے کے بعد سے ۱۱ ذی الحجہ کی صبح صادق سے پہلے تک کا وقت مکروہ ہے، لیکن ہجوم کی کثرت اور عذر شرعی کی صورت میں ان شاء اللہ امید ہے کہ کراہت نہیں رہے گی۔

مسئلہ: دوسرے اور تیسرے دن یعنی ۱۱، اور ۱۲، ذِی الحجہ کو تینوں جمروں پر رمی کرنے کا وقت، زوالِ آفتاب سے اگلے دن کی صبح صادق سے پہلے تک ہے اور مسنون زوال کے بعد سے غروبِ آفتاب تک ہے، غروبِ آفتاب سے صبح صادق تک کا وقت مکروہ ہے، اگر بلا عذر اگلے دن تک مؤخر کیا، تو دم واجب ہوگا اور وہ رمی جو قضا ہوئی تھی، اس کو ایام رمی میں کسی بھی دن کرنا لازم ہوگا، اگر ایامِ رمی میں قضا ہوئی اور اس رمی کو نہ کیا، تو اب رمی کرنا ساقط ہوگیا اور صرف ایک دم لازم ہوگا۔

نوٹ: ۱۱، اور ۱۲، ذِی الحجہ کو زوال سے قبل اگر کسی نے رمی کی تو رمی نہیں ہوگی، زوال کے بعد دوبارہ رمی کرے ورنہ دم لازم ہوجائے گا۔

مسئلہ: دیکھنے میں آیا ہے کہ بارہویں کے روز بعض معلّم اپنے حجاج کو، زوال سے پہلے ہی رمی کرواکر مکہ مکرمہ روانہ کردیتے

ہیں،،حجاج کو چاہئے کہ ان کے کہنے پر عمل نہ کریں،ورنہ جیسا کہ پہلے لکھا ہے،ایسے لوگوں کی رمی نہیں ہوگی اور ان کو دم دینا لازم ہو جائے گا۔

مسئلہ: اگر چوتھے روز یعنی ۱۳ ذی الحجہ کو،صبح صادق تک منیٰ میں رہا،تو تینوں جمروں کی رمی کرے، یہ واجب ہے،تینوں جمروں پر رمی کرنے کا مسنون وقت زوال سے لیکر غروب تک ہے،زوال سے پہلے کا وقت مکروہ تنزیہی ہے۔

مسئلہ: ۱۱، ۱۲ ذی الحجہ کو اور اگر منیٰ میں ۱۳ ذی الحجہ کو بھی رہا،تو کنکریاں،اس ترتیب سے ماری جاتی ہیں، پہلے جمرۂ اُولیٰ پر، جو مسجد خیف کے قریب ہے،اس کے بعد جمرۂ وسطیٰ یعنی بیچ والے پر اور آخر میں جمرۂ عقبہ پر،یہ ترتیب سنّت ہے۔

مسئلہ: ۱۱،اور ۱۲ ذی الحجہ کو اور ۱۳ ذی الحجہ کو بھی اگر منیٰ میں رہا،تو جمرۂ اولیٰ اور جمرۂ وسطیٰ پر کنکریاں مارنے کے بعد مجمع سے ہٹ کر

فہرست

دعا مانگے، کم از کم اتنی دیر جس میں ۲۰ آیتیں پڑھی جا سکتی ہیں، اس طرح دُعا کرنا سنت ہے اور قبلہ کی طرف منہ کر کے کھڑا ہونا سنّت ہے، لیکن جمرۂ عقبہ پر کنکریاں مارنے کے بعد کسی دن بھی دُعا کے لئے ٹھہرنا سنّت نہیں ہے۔

مسئلہ: رمی میں کنکریاں پے در پے مارنا مسنون ہے، تاخیر اور کنکریوں میں وقفہ مکروہ ہے، اس طرح ایک جمرہ کی رمی کے بعد، دوسرے جمرہ کی رمی میں علاوہ دُعا کے تاخیر کرنا بھی مکروہ ہے۔

مسئلہ: رمی کرنے کے لئے جمرہ کے پاس کھڑے ہوتے وقت، کسی خاص رخ کی طرف کھڑا ہونا شرط نہیں ہے، جس طرف سے موقع ہو اس طرف سے رمی کرے۔

مسئلہ: رمی میں بغیر عذرِ شرعی کسی کو نائب یا وکیل بنانا جائز نہیں ہے، عذرِ شرعی کی صورت میں جائز ہے، عذرِ شرعی ایسی بیماری یا

کمزوری ہے،جس کی وجہ سے بیٹھ کر نماز پڑھنا جائز ہو یا جمرات تک سوار ہو کر پہنچنے میں سخت تکلیف ہو یا مرض کی شدّت کا قوی اندیشہ ہو یا پیدل چلنے پر قدرت نہ ہو اور سواری نہ ملتی ہو،ایسا شخص معذور ہے،وہ اپنی طرف سے دوسرے آدمی کو نائب بنا کر رمی کر سکتا ہے،جو لوگ اس تفصیل کے مطابق شرعًا معذور نہ ہوں انہیں ہجوم کی کثرت کی وجہ سے رمی چھوڑ دینا یا وکیل بنانا جائز نہیں ہے،خود رمی کرنا واجب ہے،اگر صرف ہجوم کی وجہ سے رمی نہیں کرے گا،تو دم لازم ہوگا،خیال رہے کہ ایک دن کی رمی میں اس طرح کی کوتاہی ہو یا تینوں دنوں کی رمی میں، دم صرف ایک ہی واجب ہوگا۔

مسئلہ: فقہاء نے عورت اور بیمار اور ضعیف آدمی کے لئے ہجوم کے خوف کو عذر قرار دیتے ہوئے ،ایسے لوگوں کے لئے اِن اوقات میں رمی کرنے کو درست اور جائز کہا ہے،جن اوقات میں

فہرست

تندرست لوگوں کیلئے رمی کرنا مکروہ ہے، ہجوم اور ضعف اور مرض کی وجہ سے ان معذور لوگوں کے حق میں ان شاء اللہ کراہت نہیں ہوگی، وہ اوقات یہ ہیں۔

❶ ۱۰/ذی الحجہ کو طلوعِ آفتاب سے پہلے صبح صادق کے بعد یا غروبِ آفتاب کے بعد لیکن ۱۱ ذی الحجہ کی صبح صادق سے پہلے۔

❷ ۱۱/ذی الحجہ کو غروبِ آفتاب کے بعد لیکن ۱۲ ذی الحجہ کی صبح صادق سے پہلے۔

❸ ۱۲/ذی الحجہ کو مغرب سے پہلے مِنیٰ چھوڑنا ضروری نہیں ہے، ہاں مِنیٰ میں مغرب ہوجانے کی صورت میں مِنیٰ سے نکلنا مکروہ ہے، لیکن اگر کوئی بعد مغرب مکہ مکرمہ چلا گیا، تو کراہت کے ساتھ جائز ہے، اس لئے عورت، بیمار اور ضعیف آدمی کے لئے بہتر ہے کہ ۱۲ ذی الحجہ کو غروبِ آفتاب کے بعد اپنی رمی خود کرے اور پھر مکہ مکرمہ جائے، جیسا کہ پہلے لکھا جاچکا ہے، ان

کے حق میں ان شاء اللہ کراہت نہیں ہوگی۔

مسئلہ: کنکریاں پھینکنے میں موالات (پے در پے) ہونا سُنّت مؤکدہ ہے، اس کے خلاف کرنا مکروہ ہے، اس لئے اگر کوئی شخص کسی معذور کی طرف سے رمی کرے، تو اس کو چاہئے کہ رمی کے پہلے دن یعنی ۱۰ ذی الحجہ کو پہلے اپنی طرف سے جمرۂ عقبیٰ پر سات کنکریاں پھینکے اور پھر دوسرے شخص کی طرف سے اس کا نائب بن کر سات کنکریاں مارے، باقی دنوں میں پہلے اپنی طرف سے تینوں جمرات پر سات، سات کنکریاں مارے، پھر معذور کی طرف سے تینوں جمرات پر ترتیب وار رمی کرے، تاکہ کنکریوں اور تینوں جمرات کے درمیان موالات (پے در پے) ترک نہ ہو، لیکن ان دنوں ہجوم بہت زیادہ ہوگیا ہے، اس لئے اگر تینوں جمروں پر اپنی طرف سے کنکریاں مار کر، دوبارہ جمرۂ اولیٰ پر آنا اور معذور کی طرف سے کنکریاں مارنا مشکل ہو تو ہر جمرہ

پر پہلے اپنی طرف سے اور پھر معذور کی طرف سے کنکریاں مارے، ہجوم کی کثرت کی وجہ سے افضل پر عمل نہ کرنے کی گنجائش ہے۔

مسئلہ: رمی کی راتوں میں رات کو منیٰ میں رہنا سُنّت ہے، منیٰ کے علاوہ کسی اور جگہ رہنا مکروہ ہے، چاہے مکہ مکرمہ میں رہے یا راستہ میں، رات کا اکثر حصّہ بھی کسی دوسری جگہ گزارنا مکروہ ہے، لیکن طوافِ زیارت کے سلسلہ میں اگر مکہ مکرمہ یا راستہ میں زیادہ وقت لگ جائے، تو مضائقہ نہیں، یہاں بھی نمازیں اہتمام سے جماعت کے ساتھ ادا کریں، ذکر، دعا اور توبہ، استغفار زیادہ سے زیادہ کریں۔

نوٹ: جن حجاج کرام کے خیمے مزدلفہ میں ہوں جسے آج کل منیٰ جدید (نیو منیٰ) بھی کہتے ہیں ان حجاج کرام کو بھی چاہیئے کہ رات کا کچھ حصہ منیٰ میں گزاریں تا کہ کسی نہ کسی درجہ میں سنت ادا

فہرست

ہو جائے۔

مسئلہ: کنکر کا پھینکنا ضروری ہے، جمرہ (شیطان) کے اوپر رکھ دینا کافی نہیں۔

مسئلہ: ہاتھ سے رمی کرنا اگر کمان یا تیر سے وغیرہ سے رمی کی تو صحیح نہ ہوگی۔

مسئلہ: کم عقل، مجنون، بچہ اور بے ہوش اگر بالکل رمی نہ کریں تو ان پر فدیہ واجب نہیں، البتہ اگر مریض رمی نہ کرے گا تو رمی نہ کرنے کی جزا واجب ہوگی۔

مسئلہ: کنکری کا زمین کی جنس سے ہونا شرط ہے، کسی اور چیز سے رمی ادا نہیں ہوگی۔

قیام منیٰ اور قربانی

۱۰ دس ذی الحجہ کو جمرہ عقبیٰ (بڑے شیطان) کی رمی سے فارغ ہو کر شکر حج کی قربانی کرے۔

فہرست

مسئلہ: حاجی کیلئے دو قربانیاں ہیں، ایک قربانی وہ ہے جسے دم شکرانہ (حج کی قربانی) کہتے ہیں، یہ متمتع اور قارن پر واجب ہے اور مفرد کیلئے مستحب ہے، دوسری قربانی عیدالاضحیٰ کی قربانی ہے، جو ہر سال واجب ہے، اس کے متعلق حاجی کے لئے یہ حکم ہے کہ اگر وہ مسافر ہو، تو واجب نہیں ہے، البتہ اگر کرے تو مستحب اور ثواب ہے، اگر مقیم، صاحبِ نصاب ہے، تو اس پر واجب ہے، عیدالاضحیٰ یعنی بقرعید کی قربانی اپنے وطن میں بھی کرائی جا سکتی ہے، اس کے لئے حج پر روانہ ہونے سے پہلے اپنے گھر والوں کو ہدایت کر سکتے ہیں کہ بقرعید کی قربانی جیسے ہر سال ہوتی ہے اس سال بھی کرا دینا، البتہ حج کی قربانی حدودِ حرم میں کرنا لازم ہے۔

نوٹ: جو حجاج کرام عیدالاضحیٰ کی قربانی اپنے وطن میں کرنا چاہیں، وہ اس بات کا ضرور لحاظ رکھیں کہ ان کی قربانی عید کے مشترکہ ایام میں کی جائے، ورنہ قربانی ادا نہ ہوگی۔

فہرست

مسئلہ: اس قربانی کے احکام، عید الاضحیٰ کی قربانی کے جیسے ہی ہیں، جو جانور وہاں جائز ہے، یہاں بھی جائز ہیں اور جس طرح وہاں اونٹ گائے، بھینس میں سات آدمی شریک ہو سکتے ہیں، یہاں بھی شریک ہو سکتے ہیں۔

نوٹ: منیٰ میں چونکہ عید الاضحی کی نماز نہیں ہوتی اس لئے وہاں ہدی اور قربانی کے ذبح کے لئے نماز عید کا پہلے ہونا شرط نہیں ہے۔

مسئلہ: حج کی قربانی کو دم شکر کہتے ہیں، اس کا گوشت خود بھی کھا سکتے ہیں اور تقسیم بھی کر سکتے ہیں، البتہ وہ دم جو کسی جنایت کی وجہ سے لازم آئے، اس کا گوشت صدقہ کرنا ضروری ہے، خود استعمال کرنا جائز نہیں۔

مسئلہ: دم چاہے دم شکر ہو یا کسی جنایت کی وجہ سے لازم آیا ہو، اسے حدود حرم میں ادا کرنا ضروری ہے اور منیٰ بھی حدود حرم میں

داخل ہے۔

مسئلہ: قارن اور متمتع کو قربانی کے وقت، قران یا تمتع کی قربانی کی نیّت کرنا ضروری ہے، ورنہ حج کی قربانی نہیں ہوگی، اگر کسی دوسرے کے ذریعہ قربانی کروائیں، تو اس کو بتادیں کہ قران یا تمتع کی نیّت کر کے قربانی کرے۔

مسئلہ: حضور صلی اللہ علیہ وآلہ وسلم نے اپنی اور اپنی تمام اُمّت کی طرف سے قربانی کی تھی، اس لئے اُمّت کو بھی چاہئے کہ اپنی قربانی کے ساتھ حضور صلی اللہ علیہ وآلہ وسلم کی طرف سے بھی ایک قربانی کیا کریں، جن حضرات کے پاس مالی گنجائش ہو اس کا خاص خیال رکھیں، بلکہ ہر شخص کو چاہئے کہ گنجائش پیدا کرے۔

قیام منیٰ اور سر کے بال منڈوانا یا کتروانا

مسئلہ: قربانی سے فارغ ہو کر سب سے پہلے اپنے سر کے بال منڈوائیں۔

مسئلہ: حج کرنے والوں کے لئے حلق یا قصر کا منیٰ میں کروانا سنّت ہے، حلق یا قصر کرواتے ہوئے، قبلہ کی طرف منہ کر کے بیٹھنا اور سر منڈوانے والے کے لئے دائیں جانب سے، حلق یا قصر شروع کرنا بھی سنّت ہے۔

مسئلہ: مفرد (حج افراد کرنے والے) پر قربانی مستحب ہے واجب نہیں، لیکن پہلے رمی کرنا اور پھر حجامت کروانا واجب ہے۔

مسئلہ: حنفی مسلک میں متمتع اور قارن کے لئے واجب ہے کہ پہلے رمی کرے، پھر قربانی اور اس کے بعد حجامت بنائے، ہوسکتا ہے کہ وہاں آپ کو کچھ لوگ ایسی کتاب یا ایسا فتویٰ دکھلائیں، جس میں لکھا ہے کہ ان تینوں کاموں میں سے کوئی کام بھی آگے پیچھے ہو جائے، تو کوئی حرج نہیں ہے، ایسی باتوں پر نہ جائیں، رسول اللہ صلّی اللہ علیہ وسلم نے اسی ترتیب سے ارکان ادا کئے تھے اور حنفی فقہ میں بھی یہی ترتیب ضروری ہے، اس لئے اسی ترتیب کے

مطابق ارکان ادا کریں۔

مسئلہ: اگر کسی ادارہ یا شخص کے ذریعہ قربانی کروا رہے ہوں تو اعتماد اور یقین ہونا چاہئے کہ قربانی بتلائے ہوئے وقت پر ہوگئی ہے، ورنہ خلاف ترتیب ہونے کی وجہ سے دم لازم ہو جائے گا۔

مسئلہ: حلق یا قصر کے بعد حاجی کے لئے ممنوعات احرام کی پابندی ختم ہو جاتی ہے، یعنی خوشبو لگانا، ناخن کاٹنا، کسی بھی جگہ کے بال کاٹنا، سلے ہوئے، کپڑے پہننا، سر اور چہرہ ڈھانکنا، یہ سب کام جائز ہو جاتے ہیں، البتہ میاں بیوی والے خاص تعلقات حلال نہیں ہوتے، وہ طوافِ زیارت کے بعد حلال ہوتے ہیں۔

مسئلہ: اگر حج کے تمام افعال سوائے حلق اور طواف زیارت کے ادا کر لئے ہیں تو حاجی خود اپنا بھی حلق کر سکتا ہے اور دوسروں کا بھی، ورنہ نہیں۔

طوافِ زیارت

مسئلہ: رمی، قربانی اور حجامت کے بعد عام طور پر جو طواف کیا جاتا ہے، اسے طوافِ زیارت کہتے ہیں، طوافِ زیارت میں ترتیب واجب نہیں ہے، اس لئے رمی، قربانی اور حجامت سے پہلے یا بعد میں یا بیچ میں کرے تو بھی جائز ہے مگر خلافِ سنّت ہے، سُنّت یہ ہے کہ حجامت کے بعد طواف کرے۔

مسئلہ: اگر مِنیٰ روانہ ہونے سے پہلے حج کی سعی نہیں کی تھی، تو اس طواف میں رمل اور اضطباع بھی کرنا ہوگا اور اگر احرام سے فارغ ہوکر طواف زیارت عام کپڑوں میں کر رہے ہیں تو صرف رمل کرنا ہوگا اور اس طواف کے بعد حج کی سعی بھی کرنی ہوگی، یہ طواف، حج کا رکن ہے اور فرض ہے، دسویں کو کرنا افضل ہے اور بارہویں کے سورج غروب ہونے تک جائز ہے، اس کے بعد مکروہ تحریمی ہے۔

مسئلہ: طوافِ زیارت کا کوئی بدل نہیں ہے، یعنی ہر حال میں کرنا ہوگا، اس لئے کہ یہ حج کا رکن ہے اور رکن کا بدل کوئی چیز نہیں ہو سکتی۔

مسئلہ: اگر طوافِ زیارت ۱۲ ذی الحجہ کے غروب کے بعد کیا تو تاخیر کی وجہ سے دم دینا ہوگا اور بلا عذر تاخیر کی وجہ سے گناہ گار بھی ہوگا۔

مسئلہ: اگر کسی نے طوافِ زیارت نہیں کیا تو اس کے لئے اس کی بیوی حلال نہیں ہوگی، چاہے کتنا ہی طویل عرصہ ہو جائے

مسئلہ: اگر طوافِ زیارت سے پہلے اور وقوفِ عرفہ کے بعد جماع کر لیا تو اگر جماع حلق سے پہلے کیا ہے، تو اس پر اونٹ یا گائے لازم ہے اور اگر جماع حلق کے بعد کیا ہے تو بکری لازم ہوگی، البتہ حج فاسد نہیں ہوگا لیکن طوافِ زیارت پھر بھی کرنا ہوگا، طوافِ زیارت ساقط نہیں ہوگا۔

فہرست

مسئلہ: اگر کوئی شخص طوافِ زیارت ادا کرنے سے پہلے مرجائے اور حج پورا کرنے کی وصیّت کر جائے، تو طوافِ زیارت کے بدلے "بدنہ" یعنی اونٹ یا گائے بطور دم ذبح کرنا واجب ہے اور اس کی طرف سے طواف زیارت بھی کیا جائے گا۔

مسئلہ: اگر سعی طوافِ قدوم کے ساتھ کر چکا ہے تو طوافِ زیارت میں نہ تو رمل کرے اور نہ اضطباع کرے۔

مسئلہ: اگر طوافِ قدوم کے ساتھ سعی نہ کی ہو تو طواف زیارت کے ،شروع کے تین چکروں میں رمل کرے اور طواف مکمل کرنے کے بعد نمازِ طواف پڑھ کر استلام کرے اور پھر حج کی سعی کرے۔

مسئلہ: حجامت کے بعد سلے ہوئے کپڑے پہن لئے جاتے ہیں اور طوافِ زیارت اس کے بعد ہوتا ہے، بعض لوگ سوچ میں پڑ جاتے ہیں کہ سلے ہوئے کپڑے میں بھی سعی کی جائے، خیال رہے کہ اگر طوافِ زیارت سلے ہوئے کپڑے میں کیا جائے اور

حج کی سعی پہلے نہ کر چکے ہوں، تو طوافِ زیارت کے بعد سعی بھی سلے ہوئے کپڑوں میں ہوگی اور طواف کے پہلے تین چکروں میں رمل ہوگا، اب اضطباع نہیں ہے، اس کا موقع ختم ہو چکا۔

مسئلہ: عورت حیض سے ایسے وقت میں پاک ہوئی کہ بارہویں تاریخ کے سورج غروب ہونے میں اتنی دیر ہے کہ غسل کر کے مسجد میں جا کر پورا طواف یا صرف چار پھیرے کر سکتی ہے اور اس نے ایسا نہیں کیا تو دم واجب ہوگا اور اگر اتنا وقت نہ ہو تو کچھ واجب نہ ہوگا۔

مسئلہ: اگر کسی عورت کو معلوم ہو کہ حیض کے ایام قریب آنے والے ہیں اور ابھی حیض آنے میں اتنا وقت باقی ہے کہ طواف یا چار پھیرے کر سکتی ہے لیکن طواف نہیں کیا اور حیض آ گیا، پھر ایام نحر گزرنے کے بعد پاک ہوئی تو دم واجب ہوگا۔

نوٹ: طوافِ زیارت کر کے پھر مکہ مکرمہ سے مِنیٰ واپس

آ جائے، رات کو مِنیٰ میں رہنا سنّت ہے، مِنیٰ کے علاوہ کسی اور جگہ رات کو رہنا مکروہ ہے، لیکن طوافِ زیارت کے سلسلہ میں اگر مکہ مکرمہ یا راستہ میں زیادہ وقت لگ جائے تو مضائقہ نہیں۔

۱۱ ذی الحجہ

آج کا دن بھی منیٰ میں ہی گزارنا ہے اور آج تینوں جمرات کی رمی کرنی ہے، رمی کا وقت زوال آفتاب کے بعد شروع ہوگا، سب سے پہلے جمرہ اولی کی رمی کریں جو مسجد خیف کے سب سے قریب ہے، اس کے بعد اس کے بعد والے جمرہ، جمرہ وسطیٰ کی اور اخیر میں جمرہ عقبیٰ کی رمی کی جائے گی۔

نوٹ: جمرہ اولیٰ اور جمرہ وسطیٰ میں سے ہر ایک کی رمی کرنے کے بعد راستے سے ایک طرف ہٹ جائیں اور قبلہ رخ ہوکر دعا مانگیں، البتہ جمرہ عقبیٰ کی رمی کے بعد دعا نہ مانگی جائے۔

آج رات بھی منیٰ ہی میں قیام کرنا ہے۔

نوٹ: گیارہ اور بارہ ذی الحجہ کو رمی کا وقت زوال کے بعد شروع ہوتا ہے اگر کسی نے زوال سے پہلے رمی کرلی تو رمی ادا نہ ہوگی دوبارہ کرنا لازم ہے، دوبارہ نہ کرنے کی صورت میں دم دینا ہوگا۔

۱۲ ذی الحجہ

آج کا دن بھی منیٰ میں ہی گزارنا ہے اور آج بھی تینوں جمرات کی رمی کرنی ہے، رمی کا وقت زوال آفتاب کے بعد شروع ہوگا، سب سے پہلے جمرہ اولی کی رمی کریں جو مسجد خیف کے سب سے قریب ہے، اس کے بعد اس کے بعد والے جمرہ، جمرہ وسطی کی اور اخیر میں جمرہ عقبی کی رمی کی جائے گی۔

نوٹ: جمرہ اولیٰ اور جمرہ وسطیٰ میں سے ہر ایک کی رمی کرنے کے بعد راستے سے ایک طرف ہٹ جائیں اور قبلہ رخ ہوکر دعا مانگیں، البتہ جمرہ عقبیٰ کی رمی کے بعد دعا نہ مانگی جائے۔

فہرست

نوٹ: گیارہ اور بارہ ذی الحجہ کو رمی کا وقت زوال کے بعد شروع ہوتا ہے اگر کسی نے زوال سے پہلے رمی کر لی تو رمی ادا نہ ہوگی دوبارہ کرنا لازم ہے، دوبارہ نہ کرنے کی صورت میں دم دینا ہوگا۔

غروب آفتاب سے پہلے منٰی سے روانہ ہو جائیں، غروب کے بعد منٰی سے جانا مکروہ ہے اور اگر ۱۳ ذی الحجہ کی صبح صادق منٰی میں رہتے ہوئے ہوگئی تو پھر ۱۳ ذی الحجہ کی رمی بھی واجب ہو جائیگی۔

۱۳ ذی الحجہ

اگر ۱۳ ذی الحجہ کی صبح صادق منٰی میں رہتے ہوئے ہوگئی تو پھر ۱۳ ذی الحجہ کی رمی بھی واجب ہو جائیگی اور یہ بھی اسی طرح ادا ہوگی جس طرح ۱۲ ذی الحجہ کی ادا کی گئی تھی۔

حج الحمد للہ مکمل ہو گیا، اب حج کے واجبات میں سے

صرف ایک واجب طواف وداع باقی رہ گیا، گھر روانہ ہونے سے پہلے اس واجب کو بھی ادا کر لیں اور واپسی تک جو وقت باقی رہ گیا ہے اس کو غنیمت جانیں اور خوب عبادات، طواف اور نوافل میں مشغول رہیں۔

مسائل طواف وداع

مسئلہ: طواف وداع باہر کے رہنے والے (آفاقی) حاجی پر واجب ہے، خواہ حج افراد کیا ہو یا قران یا تمتع بشرطیکہ عاقل، بالغ ہو معذور نہ ہو۔ اہل حرم، اہل میقات، مجنون، نابالغ اور جس عورت کو حیض یا نفاس آجائے، پر واجب نہیں۔

مسئلہ: طواف وداع مکی حلی اور میقاتی کے لئے مستحب ہے۔

مسئلہ: طواف وداع کا اوّل وقت طواف زیارت کے بعد ہے، اگر کسی نے سفر کا ارادہ کیا اور طواف وداع کر لیا پھر اس کے بعد قیام ہو گیا تو طواف وداع ادا ہو گیا۔

فہرست

طواف وداع کا آخر وقت معین نہیں، جس وقت چاہے کرے، اگر سال بھر مکہ مکرمہ میں قیام کرنے کے بعد بھی کرے گا، تب بھی ادا ہو جائے گا قضاء نہ ہوگا، البتہ مستحب یہ ہے کہ تمام کاموں سے فارغ ہو کر طواف کرے اور اس کے بعد فوراً سفر شروع کر دے۔

مسئلہ: طواف وداع کے بعد قیام ہو گیا تو پھر واپسی کے وقت دوبارہ طواف وداع مستحب ہے۔

مسئلہ: حائضہ عورت اگر مکہ مُکرمہ کی آبادی سے نکلنے سے پہلے پاک ہو جائے تو اس کو لوٹ کر طواف وداع کرنا واجب ہے اور اگر آبادی سے نکلنے کے بعد پاک ہوئی، تو واجب نہیں۔

مسئلہ: جو شخص بلا طواف وداع کے مکہ مکرمہ سے چل دیا ہے، تو جب تک میقات سے نہ نکلا ہو، اس پر مکہ مکرمہ واپس آ کر طواف کرنا واجب ہے، احرام کی ضرورت نہیں اگر میقات سے نکل گیا تو اب

اس کو اختیار ہے کہ دم بھیج دے اور چاہے تو عمرہ کا احرام باندھ کر واپس آئے اور اول عمرہ کرے اس کے بعد طواف وداع کرے لیکن بہتر یہ ہے کہ دم بھیج دے کیونکہ اس میں مساکین کا نفع ہے۔

مسئلہ: طواف قدوم یا طواف وداع یا طواف زیارت کے لئے خاص طور سے نیت کرنا شرط نہیں ہے کہ فلاں طواف کرتا ہوں بلکہ اس طواف کے وقت میں صرف طواف کی نیت کافی ہے، مثلاً مکہ مکرمہ میں داخل ہونے کے وقت اگر طواف کیا تو طواف قدوم ادا ہو جائے گا، اسی طرح ایام نحر میں طواف کرنے سے طواف زیارت ادا ہو جائیگا اور واپسی کے وقت طواف کرنے سے طواف وداع ادا ہو جائے گا، طواف زیارت کے بعد اگر نفل طواف کر چکا ہے تو وہ بھی طواف وداع کے قائم مقام ہو جائے گا۔

مسئلہ: طواف وداع کرتے ہوئے، زیادہ سے زیادہ حزن و ملال

کی کیفیت اپنے دِل میں پیدا کی جائے اور اللہ نصیب فرمادے تو روتے ہوئے دِل اور بہتی ہوئی آنکھوں کے ساتھ طواف کیا جائے، ملتزم اور مقامِ ابراہیم پر بھی دُعا کے وقت دِل میں یہ فکر ہو کہ معلوم نہیں، کہ اس کے بعد ان مقدس مقامات پر اللہ کے حضور میں ہاتھ پھیلانے کی سعادت کبھی میسّر آئے گی یا نہیں۔

مسئلہ: طواف وداع کے بعد حجرِ اسود کا استلام کرے اور اگر ہوسکے تو باب وداع سے بیت اللہ کی طرف حسرت کی نگاہ سے دیکھتا ہوا، اور روتا ہوا مسجد سے باہر نکلے اور دروازے پر کھڑا ہو کر بھی دعا مانگے۔

مسئلہ: طواف وداع کے بعد مسجد حرام میں جانا، نمازیں ادا کرنا، موقع ہو تو دوبارہ طواف کرنا نفلی عمرے کرنا جائز ہے، طواف وداع کے بعد نماز کا وقت ہو جائے تو حرم شریف کی حاضری سے اپنے آپ کو محروم رکھنا، سراسر جہالت ہے۔

فہرست

مسئلہ: عورت اگر حالت حیض یا نفاس میں ہو اور مکہ مکرمہ سے واپسی کا وقت اسی حالت میں آجائے تو اس کے لئے طواف وداع کرنا واجب نہیں، البتہ مسجد کے دروازے پر آ کر دعا مانگے اور مکہ مکرمہ اور بیت اللہ کی جدائی پر آنسو بہاتے ہوئے مکہ مکرمہ سے واپس آئے۔

عورت کے حج کا طریقہ

عورتیں بھی حج کے تمام افعال مردوں کی طرح کریں گی، لیکن چند اُمور میں ان کے لئے مردوں سے مختلف حکم ہے اور چند امور عورتوں ہی کے ساتھ مخصوص ہیں ان سب کی تفصیل یہ ہے:

مسئلہ: بعض عورتیں حج یا عمرہ کے لئے بغیر محرم اور بغیر شوہر کے چل دیتی ہیں، اس طرح حج یا عمرہ کے لئے جانا ناجائز اور گناہ ہے۔

مسئلہ: جس عورت پر حج فرض ہو جائے لیکن ساتھ جانے کیلئے محرم نہ ملتا ہو تو حج کا ارادہ محرم ملنے تک مؤخر کر دے، بغیر محرم کے سفر نہ کرے، عمر بھر محرم نہ ملے تو حج بدل کی وصیت کرنا واجب ہے۔

مسئلہ: عدت والی عورت کیلئے ایام عدت میں حج کا سفر جائز نہیں۔

مسئلہ: عورتوں کے احرام کا لباس ان کے روزمرہ کے استعمال کا سادہ لباس ہے، موزوں اور دستانوں کا نہ پہننا بہتر ہے۔

مسئلہ: سر کا ڈھانکنا اور چہرے کا پردہ جس طرح عام حالات میں لازم ہے اسی طرح حالت احرام میں بھی لازم ہے، لیکن حالت احرام میں اس بات کا خیال رکھے کہ سر ڈھانپتے ہوئے یا پردہ کرتے ہوئے، کپڑا چہرے کو نہ لگے۔

مسئلہ: وضو کرتے ہوئے سر کا مسح، سر پر بندھے ہوئے کپڑے پر کرنے سے ادا نہیں ہوگا، بلکہ کپڑا ہٹا کر بالوں پر مسح کرنا ضروری

فہرست

ہے۔

مسئلہ: عورتیں تلبیہ بلند آواز سے نہ پڑھیں۔

مسئلہ: عورتیں طواف میں رمل نہ کریں۔

مسئلہ: اگر مردوں کا ہجوم زیادہ ہو تو بیت اللہ سے دور رہ کر طواف کریں، مردوں کے ساتھ مخلوط ہو کر طواف نہ کریں۔

مسئلہ: ایسے وقت میں طواف شروع کریں کہ نماز کی جماعت شروع ہونے سے اتنی دیر پہلے فارغ ہوجائیں کہ نماز کے لئے عورتوں کے مجمع میں پہنچ جائیں۔

مسئلہ: طواف کے بعد مقام ابراہیم پر مردوں کا ہجوم ہو تو حرم میں کسی اور جگہ طواف کی دو رکعت ادا کریں۔

مسئلہ: سعی کے دوران سبز ستونوں کے درمیان دوڑ نہ لگائیں، بلکہ درمیانی چال چلیں۔

مسئلہ: احرام سے فارغ ہونے کے وقت تمام سر یا چوتھائی سر کے

بالوں کو انگلی کے ایک پورے کے برابر کاٹ لیں۔

مسئلہ: گھر سے روانگی کے وقت عورت اگر ایام سے ہو، تو احرام کی نیت سے غسل کر لے، اس غسل سے پاکی حاصل نہ ہوگی اور اگر غسل نقصان دہ ہو تو وضو کر کے احرام کی نیت کر لے، احرام کے نفل نہ پڑھے، بلکہ قبلہ رو ہو کر صرف دعا مانگ لے۔

مسئلہ: احرام باندھنے کے بعد اگر ایام شروع ہو جائیں تو اس سے احرام ختم نہیں ہوتا لیکن اس حالت میں مسجد میں جانا اور طواف کرنا جائز نہیں، پاک ہو جانے کے بعد ارکان ادا کرے اور اس کے بعد سر کے بال کتر کر احرام سے حلال ہوگی۔

مسئلہ: اگر مکہ مکرمہ میں قیام کے دوران ایام شروع ہو جائیں تو اس حالت میں مسجد میں نہ جائے اور اپنا وقت ذکر و دعا میں گزارے۔

مسئلہ: اگر ایام کی حالت میں ۸ ذی الحجہ آ جائے تو اسی حالت میں

حج کا احرام باندھے اور تلبیہ پڑھے اور منیٰ روانہ ہوجائے، منیٰ، عرفات اور مزدلفہ میں نمازیں نہ پڑھے، بلکہ تسبیح وتہلیل، ذکرودعا میں مشغول رہے۔

مسئلہ: ۱۰ ذی الحجہ کو رمی، قربانی اور سر کے بال کترنے کے بعد بھی پاک نہ ہوئی ہو تو طواف زیارت کو مؤخر کرے، اگر اس عذر کی وجہ سے طواف زیارت اپنے مقررہ وقت سے مؤخر بھی ہوگیا تو دم لازم نہیں ہوگا، لیکن یہ بات یاد رہے کہ جب تک طواف زیارت ادا نہیں ہوگا، حج مکمل نہیں ہوگا اور اپنے شوہر کیلئے حلال بھی نہیں ہوگی اور نہ ہی طواف زیارت کا کوئی بدل ہے۔

مسئلہ: اگر دوران طواف ایام شروع ہوجائیں اور اس طواف کے بعد سعی بھی کرنی ہو، تو طواف اور سعی دونوں ہی نہ کرے، بلکہ پاک ہونے کے بعد کرے۔

مسئلہ: اگر طواف مکمل ہونے کے بعد ایام شروع ہوجائیں اور اس

فہرست

طواف کے بعد سعی کرنی ہو،تو اب سعی کر لے، کیونکہ سعی کیلئے پاک ہونا ضروری نہیں اور سعی کی جگہ مسجد کا حصہ نہیں۔

مسئلہ: اگر ایام کی وجہ سے طواف زیارت نہیں کیا اور واپسی کا وقت آ گیا،تو اپنی واپسی مؤخر کر دے، کیونکہ طواف زیارت کا کوئی بدل نہیں اور طواف زیارت کے بغیر حج مکمل نہیں ہوتا۔

مسئلہ: اگر ایام کی وجہ سے طواف وداع نہیں کیا اور واپسی کا وقت آ گیا تو طواف وداع کا چھوڑ دینا اس عذر کی وجہ سے جائز ہے اور اس عذر کی وجہ سے دم بھی لازم نہ ہوگا۔

مسئلہ: عورتوں کے لئے گھر میں نماز پڑھنا افضل ہے۔

مسائل تمتع

مسئلہ: متمتع (حج تمتع کرنے والے) پر دم شکر ادا کرنا واجب ہے، ۱۰ ذی الحجہ کو جمرہ عقبیٰ کی رمی کرنے کے بعد متمتع دم شکر کا جانور ذبح کرے گا۔

فہرست

مسئلہ: متمتع ۸ ذی الحجہ کو حج کا احرام باندھے، حرم میں جس جگہ سے چاہے احرام باندھ سکتا ہے، لیکن مسجد حرام اور مسجد حرام میں حطیم میں باندھنا افضل ہے۔

مسئلہ: متمتع اگر آٹھویں تاریخ کو احرام باندھ کر حج کی سعی پہلے ہی سے کرنا چاہے تو ایک نفلی طواف کرنے کے بعد سعی کرے حج کی سعی ادا ہو جائے گی۔

مسئلہ: متمتع کے لئے طَوافِ قدوم نہیں ہے، عمرہ کے بعد جس قدر چاہے نفلی طواف کرے۔

مسئلہ: اگر کسی نے حج کے مہینوں (یکم شوال تا ۱۰ ذی الحجہ) میں عمرہ کیا اور اپنے اصلی گھر واپس نہ آیا تو اب ایسا شخص حج تمتع ہی کرسکتا ہے، حج افراد یا قران نہیں کرسکتا، لہٰذا وہ حجاج کرام جو عمرہ کرنے کے بعد مدینہ منورہ چلے جاتے ہیں، مدینہ منورہ سے واپسی پر ان کا حج تمتع ہی کہلائے گا چاہے وہ مدینہ منورہ سے

واپسی پر عمرے کا احرام باندھ کر آئیں یا صرف حج کا۔

مسئلہ: حج تمتع کرنے والے کیلئے عمرے کے بعد ایام حج سے پہلے بجائے عمرے کے طواف کرنا افضل ہے۔

نعت

(از مفتی محمد شفیع صاحب نور اللہ مرقدہ)

پھر پیش نظر گنبد خضراء ہے، حرم ہے

پھر نام خدا روضۂ جنت میں قدم ہے

پھر شکر خدا سامنے محراب نبی ہے

پھر سر ہے میرا، اور تیرا نقش قدم ہے

محراب نبی ہے کہ کوئی طور تجلی

دل شوق سے لبریز ہے اور آنکھ بھی نم ہے

پھر منت دربان کا اعزاز ملا ہے

اب ڈر ہے کسی کا نہ کسی چیز کا غم ہے

پھر بارگاہ سید کونین میں پہنچا

یہ ان کا کرم، ان کا کرم، ان کا کرم ہے

یہ ذرۂ ناچیز ہے خورشید بداماں

دیکھ ان کے غلاموں کا بھی کیا جاہ و حشم ہے

ہر موئے بدن بھی جو زباں بن کے کرے شکر

کم ہے بخدا ان کی عنایات سے کم ہے

رگ رگ میں محبت ہو رسول عربی کی

جنت کے خزائن کی یہی بیع سلم ہے

وہ رحمت عالم ہے شہ اسود و احمر

وہ سید کونین ہے آقائے امم ہے

وہ عالم توحید کا مظہر ہے کہ جس میں

مشرق ہے نہ مغرب ہے، عرب ہے نہ عجم ہے

دل نعت رسول عربی کہنے کو بے چین

عالم ہے تحیر کا، زباں ہے نہ قلم ہے

فہرست

مدینہ منورہ کا سفر

(از سید صاحب نور اللہ مرقدہ)

اَللّٰھُمَّ صَلِّ عَلٰی سَیِّدِنَا مُحَمَّدٍ مَعْدَنِ الْجُوْدِ

وَالْکَرَمِ مَنْبَعِ الْحِلْمِ وَالْحِکَمِ وَعَلٰی اٰلِہٖ وَاَصْحَابِہٖ

وَبَارِکْ وَسَلِّمْ

دوستو آؤ ہم بھی مدینے چلیں

لوٹنے رحمتوں کے خزینے چلیں

اُن کی ہر بات پر، اُن کی ہر بات میں

چلو مرنے چلیں، چلو جینے چلیں

اور کسی نے کیا خوب کہا ہے:

با خدا دیوانہ باش و با محمد صلّی اللہ علیہ وسلّم ہوشیار

ہے کوئی اللہ کا بندہ جو نبی کریم صلّی اللہ علیہ وسلّم کا حق ادا کر سکے

اس دنیا میں جو بھی پیدا ہوتا ہے، پیدائش کے وقت کم وبیش سات آٹھ پونڈ تو وزن ضرور ہوتا ہوگا، اللہ اکبر آٹھ پونڈ کیا کسی کو اب بھی یقین نہیں آئے گا کہ ہماری محترمہ والدہ صاحبہ نے ہمارے لئے کتنی تکلیفیں اُٹھائی ہوں گی، پھر تمام عمر اسی طرح ہماری پرورش اور دیکھ بھال میں کیسا کچھ غم اور مصیبتیں نہ برداشت کی ہوں گی، سچ بتائیے......! ہے کوئی مائی کا لعل جو اپنی ماں کا حق ادا کر سکے؟ نہیں، ہر گز نہیں۔

اسی نکتہ پر ذرا سنجیدگی سے غور کر کے بتائیے، ہے کوئی اپنے پیارے نبی صلّی اللہ علیہ وسلّم کا لاڈلا، جو سرکار دو عالم، فخر موجودات، رحمۃ للعالمین صلی اللہ علیہ وسلم کا حق ادا کر سکے؟ کون انکار کر سکتا ہے کہ ارب، با، ارب بے شمار ماؤں سے بڑھ کر ہمارے آقا و مولا صلی اللہ علیہ وسلم نے ہمارے لئے، کتنی تکلیفیں

برداشت کی ہیں اور ہم کو پروان چڑھایا، اب ہمارا نصیبا جاگا ہے اور ہم سب کو حضور پاک صلی اللہ علیہ وسلم کی خدمت اقدس میں روضۂ اطہر پر حاضری کے لئے بلایا جارہا ہے اور ہم اپنی ان جیتی جاگتی آنکھوں کے سامنے اپنے اس گوشت پوست کے ساتھ باعث تخلیق کائنات محبوب رب العالمین صلی اللہ علیہ وسلم کی آغوشِ شفقت میں پہنچ رہے ہیں۔

رسول اللہ صلی اللہ علیہ وسلم نے کیسی کیسی تکالیف اُمّت کے لئے جھیلی ہیں کہ اللہ کی پناہ! ہائے ہائے، تکلیف! ایسی ویسی تکلیف جھیلی ہے کہ خدا کی پناہ! ایک دو سال نہیں، شروع سے آخری سانس تک، کبھی اونٹ کی اوجھڑی ڈال دی گئی جبکہ آپ صلی اللہ علیہ وسلم حالت نماز میں حطیم کے اندر تھے، کبھی راستے میں کانٹے بچھائے جاتے تھے، طائف میں پتھر مارے، قدم مبارک کو اتنا لہولہان کر دیا کہ نعلین مبارک سے قدم مبارک کو

نکالنا مشکل ہوگیا تھا، اُحد میں دندان مبارک شہید کئے گئے، کفّار مکہ نے تین سال تک ہر طرح سے مقاطعہ (بائیکاٹ) کر رکھا تھا، پیٹ پر پتھر باندھے، دنیا سے پردہ فرماتے وقت، گھر میں چراغ جلانے کے لئے تیل تک نہ تھا، یہ سب کیوں اور کس کے لئے برداشت فرمایا، صرف اور صرف ہمارے لئے اپنی امت کے لئے۔

کیا یہ سب کسی اور کے لئے تھا...... نہیں ہرگز نہیں اور آج اُمّت کیا صلہ دے رہی ہے آپ کو، ہم کو اور سب کو معلوم ہے۔

نبی پاک صلی اللہ علیہ وسلم ہمیشہ ہمیشہ کے لئے رحمۃ للعالمین ہیں۔

دیکھئے اور سمجھئے......! روضۂ اطہر پر پہنچنے سے قبل سُنی سنائی رسمی بے سند بحث مباحثہ سے اپنے آپ کو بچائیے گا، خدانخواستہ بے حرمتی یا بے ادبی کا ارتکاب نہ ہو جائے۔

فہرست

ع باخدا دیوانہ باش و با محمد ہوشیار (صلی اللہ علیہ وسلم)

عقائد کو شریعت کے مطابق صحیح نہج پر رکھئے گا، حضور اقدس صلّی اللہ علیہ وسلّم کی حیاتِ طیبہ کی بحث میں نہ پڑیئے گا، کم از کم ہمارا علم تحقیقی نہیں ہے، بلکہ تقلیدی ہے، یہ علماء جانیں جن کا یہ کام ہے، ہم تو صرف اتنا جانتے ہیں خالق' خالق ہے، مخلوق، مخلوق ہے، خالق مخلوق نہیں ہوسکتا اور مخلوق، خالق نہیں بن سکتی، بس اللہ اللہ خیر سلاّ۔

چودہ سو سال سے تواتر کے ساتھ مشاہدات اور تجربات شاہدِ عدل ہیں اور احادیث موجود ہے کہ مواجہہ شریف پر پہنچ کر جو بھی سلام پیش کرتا ہے، حضور اقدس صلی اللہ علیہ وسلم بنفس نفیس اس سلام کی سماعت فرماتے ہیں اور جواب بھی عطا فرماتے ہیں۔

کہا جاتا ہے کہ جس نے روضۂ اقدس پر پہنچ کر زیارت کی، اس نے گویا حضور اقدس صلی اللہ علیہ وسلم کی زندگی میں

زیارت کی، یہ بھی قول فیصل ہے کہ جس نے خواب میں حضور پاک صلی اللہ علیہ وسلم کی زیارت کی اس نے واقعی حضور صلی اللہ علیہ وسلم ہی کی زیارت کی، کیونکہ شیطان آپ صلی اللہ علیہ وسلم کی شکل میں ظاہر ہی نہیں ہوسکتا، یہ حقائق ہیں، اس کے خلاف بحث میں نہ پڑیں، تو بہتر ہے۔

بچپن سے جو دل میں آرزو و حسرت کروٹ لیتی اور بے چین رکھتی تھی اور گڑگڑا کر دعا مانگا کرتے تھے،

میرے مولا بلالو مدینے مجھے
غم ہجر تو دے گا نہ جینے مجھے

اب اس کی مقبولیت کا وقت آگیا ہے، جیسے جیسے مدینہ منورہ کی بستی، کھجور کے درخت، عمارتیں نظر آتی جائیں، درود شریف اور سلام بادِل بے قرار، چشم پُرنم پڑھنے میں کثرت سے اضافہ کرتے جائیں، ایک مسافر درود سلام پڑھتا جاتا تھا اور

مزے لے لے کر یہ شعر گنگنا تا جا تا تھا۔

اے دل سنبھل اب مت مچل
تھم تھم کے چل، آنکھوں کے بل

مدینہ منورہ کی ایمان پرور فضا اور اس کے مقامات کی عظمت اور گردونواح کی محبت اور علوشان کا خوب دھیان رکھئے، کیونکہ یہ مقامات، وحی الٰہی کے نزول کے ذریعہ آباد ہوئے ہیں، یہاں پر جبرئیل علیہ السلام، بار بار آیا کرتے تھے اور حضرت میکائیل اور تمام منتخب فرشتے بھی حاضری دیا کرتے تھے اور مدینہ منورہ کی مٹی (تربت) سیّد البشر صلی اللہ علیہ وسلم کے جسمِ اطہر سے معطر ہے اور یہاں سے اللہ کا دین اور حضور صلی اللہ علیہ وسلم کی سنتیں پھیلی ہیں، غرضیکہ یہاں بڑی فضیلتوں کے مقامات ہیں اور خیر اور معجزات اور دلائل نبوّت کے مشاہد ہیں لہٰذا ہم سب کو چاہئے کہ اس کی اہمیت کو تعظیم وتکریم سے حرز جاں بنائیں اور

اس کی محبت وعظمت سے دل کو سرشار کر لیں۔

گویا کہ ہم سب حقیقتاً آنحضرت صلی اللہ علیہ وسلم کی زیارت سے مشرف ہو رہے ہیں اور مشاہدہ کر رہے ہیں کہ آپ صلی اللہ علیہ وسلم ہمارے سلام کو سن رہے ہیں، لہٰذا ہم سب کو چاہئے کہ لڑائی، جھگڑا، بد اخلاقی اور نامناسب قول و فعل سے پرہیز کریں۔

جس منزل سے گزریں اور معلوم ہو جائے کہ حضور صلی اللہ علیہ وسلم نے اس جگہ قیام فرمایا تھا، وہاں اگر موقعہ ہو تو اُتر کر نماز ادا کریں اور درود و سلام پڑھیں، اس سے محبت اور شوق و ولولہ میں اضافہ ہوگا۔

اس بات کا بھی دھیان رکھئے، کہ چھوٹی سے چھوٹی سُنّت بھی جہاں تک ممکن ہو سکے، چھوٹنے نہ پائے، یاد رکھئے......!
ایک سُنّت کو زندہ کرنے کا ثواب سو شہیدوں کے برابر بتلایا گیا

ہے۔

مدینہ منورہ میں قیام گاہ پر پہنچ کر سامان کو ترتیب سے رکھیں، ساتھیوں کی ضروریات اور عادات اور تقاضوں کا خیال رکھتے ہوئے ہمدردی اور ایثار کو عمل میں لائیں، غسل اور صفائی مکمل کریں اور اچھے سے اچھا لباس زیب تن کریں، داڑھی اور بالوں میں کنگھا کریں، خوب سنواریں، خوشبو لگائیں، سرمہ لگائیں جیسا کہ رسول صلی اللہ علیہ وسلم نے ارشاد فرمایا:

اِنَّ اللہَ جَمِیۡلٌ یُحِبُّ الۡجَمَال

کے مصداق اپنے کو سادگی سے آراستہ اور مزّین کریں (لیکن تعیّش اور دکھاوے کے جذبہ سے نہ ہو)، باہر نکل کر پہلے کچھ صدقہ کریں، آہستہ آہستہ، خراماں خراماں، وقار کے ساتھ ڈرے، سہمے کہ کہیں کوئی بے ادبی یا گستاخی نہ ہو جائے، قدم اُٹھاتے ہوئے مسجد نبوی (حرم شریف) تک آئیں، اگر آسانی

ہوتو افضل یہی ہے کہ باب جبرئیل سے مسجد میں داخل ہوا جائے اور داہنا قدم اندر رکھتے ہوئے

بِسۡمِ اللّٰہِ وَالصَّلٰوۃُ وَالسَّلَامُ عَلٰی رَسُوۡلِ اللّٰہِ

اَللّٰھُمَّ اغۡفِرۡلِیۡ ذُنُوۡبِیۡ وَافۡتَحۡ لِیۡ اَبۡوَابَ رَحۡمَتِکَ

نَوَیۡتُ سُنَّۃَ الۡاِعۡتِکَافِ

یہاں سے بھی اگر سہولت سے ہوسکے، تو سیدھے ریاض الجنّۃ پہنچ کر محراب میں یا اس کے سامنے میں یا جہاں بھی آسانی سے ہوسکے، دو رکعت تحیۃ المسجد پڑھیے، اگر جگہ نہ مل سکے تو خبردار ہرگز گردنوں کو پھلانگتے ہوئے آگے بڑھنے کی کوشش نہ کیجئے گا، جہاں جگہ مل جائے، وہیں پڑھ لیجئے تحیۃ المسجد پڑھنے کی بڑی فضیلت ہے۔

نماز سے فارغ ہو کر ایک مرتبہ پھر اپنے آپ کو اچھی طرح جھنجوڑ لیجئے، غفلت وسستی سے بیدار ہو جایئے، جوش کی

جگہ ہوش وحواس درست کر لیجئے، نیت صحیح کر لیجئے، خوب دھیان سے غور کیجئے، سوچئے تو سہی یہ کس کا دربار ہے؟ محبوب رب العالمین کا، گناہ گاروں کی شفاعت کرنے والی ہستی کا، رحمۃ للعالمین کا اور یہ ان کا دربار ہے، جن کے لئے ساری کائنات پیدا کی گئی، جن کے اشارے سے چاند کے ٹکڑے ہوگئے، جو معراج میں سدرۃ المنتہیٰ تک اور قاب قوسین بلکہ اس سے کم فاصلہ کے بقدر پہنچے کہ جبرئیل علیہ السلام نے کہا کہ میں اگر اس سے آگے گیا تو میرے پر جل کر خاک ہو جائیں گے، ایسا دربار جہاں مقرب و منتخب فرشتے اور حضرت جبرئیل علیہ السلام و حضرت میکائیل علیہ السلام، سلام کو آتے ہیں۔

ایک مرتبہ حضرت عمر رضی اللہ عنہ نے ان دو آدمیوں کو پکڑ بلوایا، جو مسجد نبوی میں تیز آواز سے بول رہے تھے، ان سے پوچھا کہ تم کہاں کے رہنے والے ہو، انہوں نے عرض کیا کہ ہم

طائف کے رہنے والے ہیں، حضرت عمر رضی اللہ نے فرمایا کہ اگر تم اس شہر (یعنی مدینہ) کے رہنے والے ہوتے تو تمھیں مزہ چکھاتا۔

اور دیکھئے......! حضرت عائشہ رضی اللہ عنہا، جب کہیں قریب سے کیل یا میخ وغیرہ کے ٹھوکنے کی آواز سُنتیں، تو آدمی بھیج کر ان کو روکتیں کہ زور سے نہ ٹھوکیں، حضور اقدس صلی اللہ علیہ وسلم کی تکلیف کا لحاظ رکھیں، اسی طرح حضرت علی کرم اللہ وجہہ کو اپنے مکان کے کواڑ بنوانے کی ضرورت پیش آئی، تو بنانے والے کو فرمایا، کہ شہر کے باہر بقیع میں بنا کر لائیں، ان کے بنانے کی آواز حضور صلی اللہ علیہ وسلم تک نہ پہنچے، ذرا غور تو فرمایئے، اتنی آواز اور شور بھی گوارہ نہ تھا اب آپ ہی دیکھیں گے کہ بعض لوگ اپنے لاابالی پن اور صحیح حقیقت حال سے ناواقفیت کی وجہ سے جوش میں آ کر کس قدر بلند آواز اور تیز آواز سے صلوٰۃ وسلام

پڑھتے ہیں، کہ کان پڑی آواز سنائی نہیں دیتی، اب آپ ہی بتائیں کہ اسے بے ادبی نہ کہیں، تو پھر کیا کہا جائے، بہر حال یہ تو تسلیم کرنا پڑھے گا، کہ بے شک ایسے لوگ تو عبادت، محبت اور خلوص سمجھ کر ہی کرتے ہیں، دراصل حاضری کے وقت اور سلام پیش کرنے کے وقت حضور انور صلی اللہ علیہ وسلم کے ساتھ ادب واحترام اور تعظیم اور بزرگی کا وہی معاملہ ہونا چاہئے جو زندگی میں تھا اس لئے کہ خود رسول مقبول صلی اللہ علیہ وسلم نے فرمایا:

جس نے میری وفات کے بعد میری زیارت کی اس کو وہی برکت ملے گی، جیسے میری زندگی میں زیارت کی۔

سچ بتایئے، کیا آپ حضور اقدس صلی اللہ علیہ وسلم کی حیاتِ قدسی میں اس طرح کا منظر پیش کرتے، جیسا کہ اب ہو رہا ہے، ہرگز نہیں، آخر لوگ اس بات کو کیوں بھول جاتے ہیں، کہ حق سبحانہ وتقدس نے قرآن پاک ہی میں سورۃ الحجرات میں

خصوصیت سے اس طرف تنبیہ فرمائی ہے، ارشاد والا ہے:

يَآيُّهَا الَّذِيْنَ اٰمَنُوا لَا تَرْفَعُوْٓا اَصْوَاتَكُمْ فَوْقَ صَوْتِ النَّبِيِّ ط

اے ایمان والو! تم اپنی آوازیں نبی کریم صلّی اللہ علیہ وسلّم کی آواز سے اونچی نہ کرو اور نہ ہی حضور صلّی اللہ علیہ وسلّم سے ایسے زور سے گفتگو کرو، جیسا کہ تم آپس میں کرتے ہو۔

اب ایک دوسرے کو دھکے دے کر آگے بڑھنا اور منہ کے سامنے دیوار کی طرح آ کر کھڑے ہو جانا، کہ سانس لینا دوبھر ہو جائے، یہ تو اور بھی برا ہے اور یہ کونسا اظہارِ عقیدت اور محبت ہے؟ لہٰذا یہ نہایت اہم اور ضروری بات ہے، کہ سلام پڑھتے وقت شور وشغب ہرگز نہ کریں، نہ زور سے چلائیں، بلکہ متوسط آواز سے پڑھیں، مواجہہ شریف پر پہنچ کر سرہانے کی طرف جالی مبارک میں تین جھروکے آپ کو نظر آئیں گے، بس انہیں

جھروکوں سے اندر کی طرف حضور اقدس صلی اللہ علیہ وسلم اور حضرت ابوبکر صدیق رضی اللہ عنہ، اور حضرت عمر رضی اللہ عنہ، کی مبارک قبروں کا سامنا ہوتا ہے، ان جالیوں کی دیوار سے تین چار ہاتھ کے فاصلہ پر کھڑا ہونا چاہیے، یا جہاں جگہ مل جائے، زیادہ قریب نہ ہوں کہ ادب کے خلاف ہے، آنکھیں پُرنم ہوں، دل وفور محبت و عظمت میں دھڑک رہا ہو، نگاہیں نیچی ہوں، اِدھر اُدھر دیکھنا، اندر جھانکنا، اس وقت سخت بے ادبی ہے، پاؤں ساکن اور باوقار رکھیئے اور یہ تصور کیجئے کہ چہرۂ انور اس وقت میرے سامنے ہے اور حضور اقدس صلی اللہ علیہ وسلمکو میری حاضری کی اطلاع ہے، گھگھیاں بندھ جاتی ہیں، ہچکیاں مچلنے لگتی ہیں، آواز رندھ جاتی ہے، ادھر سے شفقت اور رحمت کی لہریں اٹھتی ہیں اور اپنے اُمتی کے دلوں پر سکون وطمانیت کی پھوار پڑنے لگتی ہیں۔

اے حسن ازل اپنی اداؤں کے مزے لے
ہے سامنے آئینہ حیران محمد (صلی اللہ علیہ وسلم)

فہرست

عام طور پر طوطے کی طرح رٹے ہوئے الفاظ دہرانے سے بہتر ہے، کہ ذوق وشوق سے صرف ''اَلصَّلٰوۃُ وَالسَّلَامُ عَلَیْكَ یَارَسُوْلَ اللہ'' پڑھتا رہے، بعض بزرگوں سے سُنا ہے کہ جس نے حضور اقدس صلی اللہ علیہ وسلم کے روضۂ اطہر کے پاس کھڑے ہوکر اِنَّ اللہَ وَمَلٰئِکَتَہٗ یُصَلُّوْنَ عَلَی النَّبِیِّ ط یٰٓاَیُّھَا الَّذِیْنَ اٰمَنُوْا صَلُّوْا عَلَیْہِ وَسَلِّمُوْا تَسْلِیْمًا'' تلاوت کی اور ستر مرتبہ صَلَّی اللہُ عَلَیْكَ یَا مُحَمَّدُ کہا تو ایک فرشتہ ندا دیتا ہے، کہ اس کی حاجت ضرور پوری ہوگی۔ ستر مرتبہ کی خصوصیت اس لئے ہے کہ عدد کو قبولیت میں دخل ہے، حضرت ابنِ عمر رضی اللہ عنہما صرف اَلسَّلَامُ عَلَیْكَ اَیُّھَا النَّبِیُّ وَرَحْمَۃُ اللہِ وَبَرَکَاتُہٗ پر اکتفاء کرتے تھے، بعض حضرات طویل سلام پڑھنا پسند کرتے ہیں، سب ٹھیک ہے، مگر ادب اور عجز کے کلمات ہوں، مناسب سمجھیں تو حسب ذیل سلام بھی پڑھ

لیا کریں۔

اَلسَّلَامُ عَلَیْکَ یَارَسُوْلَ اللّٰہِ

اَلسَّلَامُ عَلَیْکَ یَانَبِیَّ اللّٰہِ

اَلسَّلَامُ عَلَیْکَ یَاخِیَرَۃَ اللّٰہِ

اَلسَّلَامُ عَلَیْکَ یَاخَیْرَ خَلْقِ اللّٰہِ

اَلسَّلَامُ عَلَیْکَ یَاحَبِیْبَ اللّٰہِ

اَلسَّلَامُ عَلَیْکَ یَاسَیِّدَ الْمُرْسَلِیْنَ

اَلسَّلَامُ عَلَیْکَ یَاخَاتَمَ النَّبِیِّیْنَ

اَلسَّلَامُ عَلَیْکَ یَارَسُوْلَ رَبِّ الْعَالَمِیْنَ

اَلسَّلَامُ عَلَیْکَ یَاقَائِدَ الْغُرِّ الْمُحَجَّلِیْنَ

اَلسَّلَامُ عَلَیْکَ یَابَشِیْرُ

اَلسَّلَامُ عَلَیْکَ یَانَذِیْرُ

اَلسَّلَامُ عَلَیْکَ وَعَلٰی اَھْلِ بَیْتِکَ الطَّاھِرِیْنَ

اَلسَّلَامُ عَلَيْكَ وَعَلٰى اَزْوَاجِكَ الطَّاهِرَاتِ اُمَّهَاتِ الْمُؤْمِنِيْنَ

اَلسَّلَامُ عَلَيْكَ وَعَلٰى اَصْحَابِكَ اَجْمَعِيْنَ

اَلسَّلَامُ عَلَيْكَ وَعَلٰى سَائِرِ الْاَنْبِيَآءِ وَالْمُرْسَلِيْنَ وَسَائِرِ عِبَادِ اللهِ الصَّالِحِيْنَ

جَزَاكَ اللهُ تَعَالٰى عَنَّا يَا رَسُوْلَ اللهِ اَفْضَلَ مَا جَزٰى نَبِيًّا عَنْ قَوْمِهٖ وَرَسُوْلاً عَنْ اُمَّتِهٖ

وَصَلّٰى عَلَيْكَ كُلَّمَا ذَكَرَكَ الذَّاكِرُوْنَ وَكُلَّمَا غَفَلَ عَنْ ذِكْرِكَ الْغَافِلُوْنَ

وَصَلّٰى عَلَيْكَ فِى الْاَوَّلِيْنَ وَصَلّٰى عَلَيْكَ فِى الْاٰخِرِيْنَ اَفْضَلَ وَاَكْمَلَ وَاَطْيَبَ مَا صَلّٰى عَلٰى اَحَدٍ مِّنَ الْخَلْقِ اَجْمَعِيْنَ

كَمَا اسْتَنْقَذَنَا بِكَ مِنَ الضَّلَالَةِ وَبَصَّرَنَا بِكَ مِنَ

فہرست

اَلْعَمٰی وَالْجَهَالَةِ

اَشْهَدُ اَنْ لَّآ اِلٰهَ اِلَّا اللّٰهُ وَاَشْهَدُ اَنَّكَ عَبْدُهٗ وَرَسُوْلُهٗ وَخِيَرَتُهٗ مِنْ خَلْقِهٖ

وَاَشْهَدُ اَنَّكَ بَلَّغْتَ الرِّسَالَةَ وَاَدَّيْتَ الْاَمَانَةَ وَنَصَحْتَ الْاُمَّةَ وَجَاهَدْتَّ فِي اللّٰهِ حَقَّ جِهَادِهٖ

اَللّٰهُمَّ اٰتِهٖ نِهَايَةَ مَا يَنْبَغِيْ اَنْ يَّأْمَلَهُ الْاٰمِلُوْنَ

یاد رکھیے کہ حضور اقدس صلی اللہ علیہ وسلم کے روضۂ اطہر پر جا کر، آپ پر سلام پیش کرنا درود شریف پڑھنے سے بہتر ہے اپنا سلام پڑھنے کے بعد ان حضرات کا سلام پہنچائیں، جنہوں نے آپ کے ذریعہ سے سلام کہا ہو اور اللہ جل شانہٗ سے دُعا کیجئے اور حضور صلی اللہ علیہ وسلم سے شفاعت کی درخواست کیجئے، اس کے بعد تقریباً ایک ہاتھ دائیں طرف ہٹ

کر حضرت ابوبکر صدیق رضی اللہ عنہ پر سلام پڑھیے، پھر تقریباً ایک ہاتھ دائیں طرف ہٹ کر حضرت عمر رضی اللہ عنہ پر سلام پڑھیے، اس کے بعد پھر پہلی جگہ یعنی حضور اقدس صلی اللہ علیہ وسلم کے سامنے آجایئے اور اللہ جل شانہٗ سے خوب دعائیں مانگئے اور حضور اکرم صلی اللہ علیہ وسلم کی شفاعت کی دعا مانگئے اور حضرت ابوبکرؓ اور حضرت عمرؓ دونوں کے لئے خوب دعائیں کیجئے کہ تمام امت ان کا حق ادا نہیں کر سکتی، جیسا کہ ان حضرات نے حضور صلی اللہ علیہ وسلم کی نصرت اور رفاقت کا حق ادا کیا ہے، اس کا طریقہ یہ ہے کہ پہلے اللہ جل شانہٗ کی خوب حمد وثناء کریں، یہاں کی حاضری کا اور اس کی تمام نعمتوں کا شکر ادا کریں، پھر عاجزانہ ،ذوق وشوق سے درود شریف پڑھ کر اللہ تعالیٰ سے، اپنے لئے، اپنے والدین کے لئے، اپنے مشائخ کے لئے، اپنے اہل وعیال کے لئے، اپنے عزیز واقارب کے لئے، اپنے دوستوں اور ملنے

والوں کے لئے، سعد عبدالرزاق اور اس کے گھر والوں کے لئے اور ان لوگوں کے لئے جنہوں نے دعا کی درخواست کی ہو اور تمام مسلمانوں کے لئے، زندوں کے لئے بھی، مُردوں کے لئے بھی، خوب دعائیں مانگئے اور اپنی ان دعاؤں کو آمین پر ختم کیجئے۔

اس کے بعد ریاض الجنۃ میں جتنے ستون ہیں، مثلاً استوانہ ابولبابہ، استوانہ وفود، استوانہ عائشہ، استوانہ حنانہ، محراب و منبر پر، درود شریف اور نوافل کا اہتمام رکھئے اور خوب دعائیں مانگئے۔

اس بات کا اچھی طرح خیال رکھئے گا، کہ کسی کے ساتھ دھکم پیل نہ ہو، جگہ گھیر کر نہ بیٹھ جائیں، دوسروں کو بھی موقع دیں اور اس کا بھی خیال رکھیں کہ دیواروں اور جالیوں پر عطر نہ لیپیں اور گندگی نہ پھیلائیں، دیواروں کو بوسہ نہ دیں، یہ سب سے

باتیں بڑی بےادبی اور گستاخی کی ہیں،اکثر دیکھا گیا ہے کہ ایک آدمی نماز پڑھ رہا ہے،اس کے آگے آکر اپنی نماز کی نیّت باندھ لی، اس کو کہنی مار کر کھسکا دیا، وہ سجدہ میں گیا،تو اس پر سے پھاندتے ہوئے ،نکل گئے یا جا گرے، یہ سب بہت معیوب حرکتیں ہیں، کھچا کھچ حرم شریف بھرا ہوا ہے،کہیں تل دھرنے کی جگہ نہیں، گردن پھلا نگتے ہوئے آگے نہ بڑھیں، جہاں جگہ مل جائے وہی بہتر ہے،عرب حضرات خوشبو کے بہت ہی دلدادہ ہیں، ان کو عطر دیجئے یا لگا دیجئے،آپ کے لئے جگہ حاضر ملے گی ان شاءاللہ تعالیٰ۔

حج کے موقعہ پر لاکھوں کا مجمع ہے،اگر سب حضور اقدس صلی اللہ علیہ وسلم کے اس دعوت والے کام اور مشن کو پورا کرنے کا عزم کرلیں،تو اسی مجمع سے کتنی جماعتیں اور افراد چار دانگ عالم میں پھیل سکتے ہیں اور دین و ایمان کی دعوت کو گھر گھر، قریہ قریہ

پہنچا سکتے ہیں اور اب تو اس دعوت وتبلیغ کے بغیر چارۂ کار نہیں، جس بات کا چرچہ کیا جاتا ہے، وہ بات رواج اور عمل میں آجاتی ہے، آپ ذرا کر کے تو دیکھیں۔

لیجئے زہے نصیب اب وہ ساعت بھی آ گئی محض اللہ تعالیٰ کے فضل وکرم سے کہ ہم اور آپ مواجہہ شریف پر کھڑے ہیں اور دیکھئے، یہ آپ کے سامنے محبوبِ خدا صلی اللہ علیہ وسلم کے دربار کی جالیاں ہیں، باادب باوقار۔

خبردار...... آواز اونچی نہ ہونے پائے، کہ کہیں بے ادبی نہ ہو جائے، مگر یہ کہ رِقّت اور گریہ طاری ہو جائے، تو ہوش وحواس کو قابو میں رکھئے، نا معلوم آپ سے زیادہ کتنے اللہ تعالیٰ کے محبوب صلی اللہ علیہ وسلم کے محبوب آپ کے درمیان کھڑے ہوں اور آپ کے شور وغل سے ان کی یکسوئی میں خلل پیدا ہو رہا ہو اور ناگواری کا سبب بنے، آپ بھی مؤدبانہ اور عاجزانہ، سر جھکائے،

سلام پیش کیجئے، جیسے بچھڑا ہوا بچہ، ماں کی گود میں مچل جاتا ہے، اگر وقت ہو تو سکون کے ساتھ ذرا ٹھہر جایئے، پھر توجہ کے ساتھ دل کے کان سے دھیان دے کر سنئے، آپ کے سلام اور اس گریہ کا کیا جواب ملتا ہے؟

جواب ملے گا، یقیناً ملے گا اور دل ہی سے ملے گا، اگر محبت اور غلامی کا کچھ حق ادا کیا ہوگا، تو کیا عجب، یہ ظاہری کان بھی سُن لیں، کیونکہ جتنی قوی محبت ہوتی ہے، اتنا ہی قوی تصور قائم ہوتا ہے، پھر ایسے تصور کا متشکل ہو جانا بھی ممکن ہو جاتا ہے، ممکن کے یہ معنی نہیں کہ وقوع پذیر بھی ہو جائے، کسی کو ہو جاتا ہے، سب کو نہیں ہوتا۔

سلام کے جواب میں آپ سے یہ بھی سوال کیا جا سکتا ہے ، کہ میرے پیارے اُمتی! جو کام ہم نے تمہارے لئے کیا، ہمارے صحابہ نے کیا، یعنی دین کی اشاعت کا کام، تم بھی وہ کام

کتنا کر کے ہمارے پاس آئے ہو، ذرا دیر کے لئے پھر غور سے سوچئے، اگر آپ دین کی اشاعت کا کام کر رہے ہیں، تو بات کھُل جائے گی اور حضور اقدس صلی اللہ علیہ وسلم اس سے کتنا خوش ہوں گے، آپ اس کا اندازہ نہیں لگا سکتے اور بالفرض والمحال اگر دین کی اشاعت کا کام نہیں کیا ہے، تو اب پکا ارادہ کر لیجئے کہ کہ واپس جا کر بقیہ تمام عمر یہ کام بھی کریں گے اور ضرور کریں گے......ان شاء اللہ تعالیٰ۔

یاد رکھیئے دعا اور دعوت کا مادہ (اصل) عربی قاعدہ کے مطابق ایک ہی ہے، یعنی دعا اور دعوت لازم وملزوم ہیں، دعوت کا کام چھوڑ دینے ہی کی وجہ سے آج اُمت میں زوال ونکبت ہے اور پسپائی ہمارا مقدر بن گئی ہے، نبی کریم صلی اللہ علیہ وسلم کے دربار رسالت میں پہنچ کر بھی اگر یہ احساس نہ ہوا، تو کب اور کہاں ہوگا، اس کا فیصلہ اسی مقام پر کر کے جایئے گا، کیونکہ یہ بات یہیں

ختم نہیں ہوجائے گی، بلکہ آپ کا نامۂ اعمال ہر پیراور جمعرات کو پیش ہوتا ہے اور ہوتا رہے گا جیسا کہ حدیث پاک میں وارد ہوا ہے۔

آپ کی دعوت کی محنت کے بقدر حضور صلی اللہ علیہ وسلم کو راحت یا تکلیف پہنچتی رہے گی۔

یوں تو حج اور حرمین شریفین کا تمام سفر ادب واحترام اور تقدس وطہارت کا متقاضی ہے، لیکن دربارِ حبیب رب العالمین، باعثِ وجود کائنات، رحمۃ للعالمین صلی اللہ علیہ وسلم میں پہنچ کر بہت ہی اہتمام اور خیال رکھنے کی ضرورت ہے۔

دیکھئے میرے عزیز بھائیو اور بہنو......! یہ کھیل نہیں، ہنسی نہیں، یہ دربار نبی صلی اللہ علیہ وسلم ہے، یہاں اُونچی آواز نہ نکالیں، یہاں تو پیشاب، پاخانہ کرنا بھی سوءِ ادب ہے، چپہ چپہ پر حضور پاک صلی اللہ علیہ وسلم کے قدم مبارک پڑے ہوں گے

اور فرشتے قطار اندر قطار اپنے پر بچھائے ہوئے ہوتے ہیں، ہر وقت یہ دھیان رہے کہ کسی کی غیبت نہ ہو، کسی کی تخفیف نہ ہو، کسی کی دل آزاری نہ ہو جائے، تو تو، میں میں نہ ہو، کوئی تکرار اور اکڑ مکڑ نہ ہونے پائے، یہاں کے لوگ حضور صلی اللہ علیہ وسلم کے پڑوسی ہیں، اہل مدینہ ہیں، اُن کے اکرام اور اعزاز میں کمی نہ آنے پائے، خرید وفروخت میں بھی یہ خیال رکھیئے کہ میری طرف سے یہاں کے لوگوں کو جتنا زیادہ سے زیادہ نفع اور خوشی پہنچ جائے، حضور صلی اللہ علیہ وسلم کی خوشی اور رضا کا سبب بنے گا، اُن کی خدمت، ان کو ہدیہ دینا آپ کا اور ہمارا فرض ہے، یاد رکھیئے...... کہ دینے والا کوئی اور ہے، وہ دلواتا ہے اور ہم دیتے ہیں، اس کو دوسرے الفاظ میں توفیق کہتے ہیں اور کون ہے جو توفیق کا آرزومند نہیں۔

جھولیاں سب کی بھرتی جاتی ہیں
دینے والا نظر نہیں آتا

فہرست

جب تک قیام کی منظوری ہو، بار بار خدمت اقدس میں ،کھڑے، بیٹھے، مواجہہ شریف پر، قدم مبارک کی طرف، اصحاب صفہ کی طرف، ریاض الجنّۃ میں، ستونوں کے قریب، روضۂ مبارک کی چوکھٹ پر، محراب میں اور محراب کے سامنے، ہر جگہ زانوئے ادب، تہہ کئے جوش سے زیادہ ہوش سے، صلوۃ وسلام، تلاوت، نوافل میں اور گشت وتعلیم میں ہمہ تن مصروف رہیں اور جب رخصت کا وقت آئے، تو انہیں خیالات اور عزائم کے ساتھ، باصد ہزاراں حسرت وغم آنسوؤں سے چھلکتے ہوئے آنکھوں کے کٹورے ہوں اور دل میں جدائی کے زخم اس طرح ہنس رہے ہوں، جس طرح سلگتے ہوئے کوئلے پر چنگاری ہنستی ہوئی دکھائی دیتی ہے، جی ہاں زخم ہنستے ہیں، اس وجہ سے کہ رسول اللہ صلّی اللہ علیہ وسلّم کے انوارات وتجلیّات اور یاد اور صلوٰۃ وسلام ہمارے ساتھ کئے جا رہے ہیں، بطور عطیات اور خلعت کے، سارا وجود

سسکیاں لے رہا ہو، ہچکیاں بندھی ہوں، بار بار حاضری کی درخواست ہو اور مواجہہ شریف پر آکر کھڑے ہوجایئے اور رخصت طلب کیجئے اور زبان پر

اَلْوَدَاعُ یَا رَسُوْلَ اللّٰہِ صَلَّی اللّٰہُ عَلَیْہِ وَسَلَّمَ

اَلْفِرَاقُ یَا نَبِیَّ اللّٰہِ صَلَّی اللّٰہُ عَلَیْہِ وَسَلَّمَ

کی رٹ لگی ہو اور ایسی حالت میں باہر آجایئے۔

نکل جائے وہ حسرت ہے جو رہ جائے وہ ارمان ہے

احکام سفر

❶ شریعت کی نظر میں جو مسلمان اڑتالیس میل (تقریبا اٹھتر کلومیٹر) کے سفر کا ارادہ کر کے اپنے گھر سے روانہ ہو، اسے مسافر کہتے ہیں، ایسے شخص پر شہر کی حدود سے باہر نکلتے ہی، ظہر، عصر اور عشاء کی نماز بجائے چار فرض کے دو فرض ہوجاتی ہے، اسے قصر کہتے ہیں۔

❷ فجر، مغرب اور وتر میں کوئی کمی نہیں ہوتی، جس طرح عام حالات میں پڑھی جاتی ہیں، سفر میں بھی اسی طرح پڑھی جائیں گی۔

❸ اگر کوئی مسافر کسی مقیم امام کے پیچھے نماز پڑھے گا تو اسے پوری نماز ادا کرنا لازم ہوگا۔

فہرست

۴ اگر مسافر، مقیم امام کے پیچھے نماز نہ پڑھ رہا ہو تو اسے ہر حال میں قصر نماز ہی پڑھنا ہوگی، اگر پوری نماز پڑھ لی تو گناہگار بھی ہوگا اور اگر پوری نماز پڑھنے کی صورت میں سجدہ سہو نہ کیا تو نماز دوبارہ پڑھنی ہوگی۔

۵ مسافر اپنے شہر سے نکلنے کے بعد اگر کسی جگہ قیام کا ارادہ کرے، اگر اس نے وہاں پندرہ دن یا اس سے زیادہ قیام کا ارادہ کیا تو یہ مسافر اب وہاں مقیم ہو جائے گا اور اب اسے پوری نماز پڑھنا ہوگی، لہٰذا اگر کوئی شخص مکہ مکرمہ یا مدینہ منورہ جا کر پندرہ دن یا اس سے زیادہ کی نیت کرے گا تو اسے وہاں پوری نماز پڑھنا ہوگی۔

آئیں حج کریں

تالیف

مفتی سعد عبدالرزاق

فاضل جامعہ فاروقیہ
متخصص جامعۃ العلوم الاسلامیہ

Published By:
Islamic Book Store
302 Saad Residancy
Sahin Park
M G Road
Bardoli Surat Gujarat India
394601
Ph. 0091 9979353876

Hajj

How to Perform Hajj & Umrah
Aaye Hajj Kare

آئیں حج کریں

تالیف
مفتی سعد عبدالرزاق
فاضل جامعۃ فاروقیہ
متخصص جامعۃ العلوم الاسلامیہ